MARCO POLO

YUCATAN

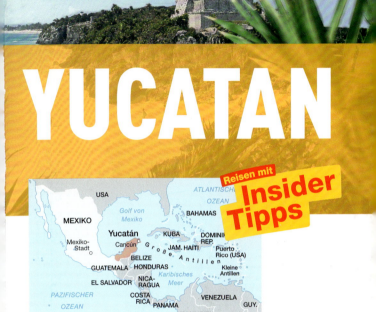

Reisen mit Insider Tipps

> Mexiko ist voller Farben und Leidenschaften. Zudem faszinieren mich die präkolumbischen Bauwerke, die gepflegten Kolonialstädte und die gewaltigen Naturschönheiten – von allen drei gibt es in Yucatán besonders viele.
> *MARCO POLO Aut*
> *Manfred Wöbcke*
> (siehe S. 130)

Spezielle News, Lesermeinungen und Angebote zu Yucatán:
www.marcopolo.de/yucatan

YUCATÁN

> SYMBOLE

Insider Tipp MARCO POLO INSIDER-TIPPS
Von unserem Autor
für Sie entdeckt

★ **MARCO POLO HIGHLIGHTS**
Alles, was Sie in Yucatán kennen sollten

☼ **SCHÖNE AUSSICHT**

🔊 **WLAN-HOTSPOT**

▶▶ **HIER TRIFFT SICH DIE SZENE**

> PREISKATEGORIEN

HOTELS
€€€ über 100 Euro
€€ 50–100 Euro
€ unter 50 Euro
Durchschnittspreise pro Nacht für ein Doppelzimmer ohne Frühstück

RESTAURANTS
€€€ über 18 Euro
€€ 8–18 Euro
€ unter 8 Euro
Durchschnittspreise für ein für das jeweilige Lokal typisches Essen ohne Getränke

> KARTEN

[116 A1] Seitenzahlen und Koordinaten für de Reiseatlas Yucatán

Karten von Cancún, Mérida und Playa del Carmen find Sie im hinteren Umschlag

Eine Lageskizze von Chiché Itzá finden Sie auf Seite 58 von Uxmal auf Seite 77

Zu Ihrer Orientierung sind auch die Orte mit Koordina ten versehen, die nicht im Reiseatlas eingetragen sin

---

■ **DIE BESTEN MARCO POLO INSIDER-TIPPS** .... **UMSCHLAG**
■ **DIE BESTEN MARCO POLO HIGHLIGHTS** 4

■ **AUFTAKT** 6

■ **SZENE** 12

■ **STICHWORTE** 16
■ **EVENTS, FESTE & MEHR** 22
■ **ESSEN & TRINKEN** 24
■ **EINKAUFEN** 28

■ **CANCÚN & RIVIERA MAYA** 30
■ **MÉRIDA & DER NORDEN** 54
■ **CAMPECHE & DER SÜDEN** 78

INHALT

> SZENE
S. 12–15: Trends, Entdeckungen, Hotspots! Was wann wo in Yucatán los ist, verrät der MARCO POLO Szeneautor vor Ort

> 24 STUNDEN
S. 96/97: Action pur und einmalige Erlebnisse in 24 Stunden! MARCO POLO hat für Sie einen außergewöhnlichen Tag an der Riviera Maya zusammengestellt

> LOW BUDGET
Viel erleben für wenig Geld! Wo Sie zu kleinen Preisen etwas Besonderes genießen und tolle Schnäppchen machen können:

Schon bei der Ankunft sparen: für nur 2 bzw. 4 Euro vom Flughafen nach Cancún oder Playa del Carmen S. 35 | Ein Doppelzimmer für nicht einmal 10 Euro im Herzen von Mérida S. 73 | Musik, Folklore und Volkstänze in Campeche gratis erleben S. 83

> GUT ZU WISSEN
Was war wann? S. 10 | Mexikanische Adressen S. 19 | Spezialitäten S. 26 | Ökoerlebnisparks S. 36 | Geschichtsschreibung S. 60 | Bücher & Filme S. 63 | Blogs & Podcasts S. 65 | Grausame Vergangenheit S. 69 | Pelota S. 74 | Mordida S. 90 | Was kostet wie viel? S. 106

AUF DEM TITEL
Flamingokolonien hautnah erleben S. 62
Uxmal: Besuch der Mayastätte S. 75

■ **AUSFLÜGE & TOUREN** **92**
■ **24 STUNDEN AN DER RIVIERA MAYA** **96**
■ **SPORT & AKTIVITÄTEN** **98**
■ **MIT KINDERN UNTERWEGS** **102**

■ **PRAKTISCHE HINWEISE** **104**
■ **SPRACHFÜHRER SPANISCH** **110**

■ **REISEATLAS YUCATÁN** **114**
■ **KARTENLEGENDE REISEATLAS** **126**

■ **REGISTER** **128**
■ **IMPRESSUM** **129**
■ **UNSER AUTOR** **130**

■ **BLOSS NICHT!** **132**

ENTDECKEN SIE YUCATÁN!

Unsere Top 15 führen Sie an die traumhaftesten Orte und zu den spannendsten Sehenswürdigkeiten

Die Highlights sind in der Karte auf dem hinteren Umschlag eingetragen

 Equinoccio in Chichén Itzá
Zur Tagundnachtgleiche ergibt sich ein eindrucksvolles Spiel mit Licht und Schatten (Seite 22)

 Arrecife Palancar
Ein Blick hinter die Korallen an der Südwestküste der Insel Cozumel (Seite 39)

 Tulum
Einzigartig in ganz Yucatán: Hier stehen die Mayatempel nicht tief im Dschungel versteckt, sondern direkt über dem Karibikstrand (Seite 51)

 Chichén Itzá
Die größte und berühmteste der archäologischen Stätten in Yucatán: Pyramiden und Tempel in höchster Vollendung (Seite 55)

 Izamal
Ein Blick von Yucatáns größter Pyramide auf das Kloster San Antonio de Padua (Seite 63)

 Museo de Antropología
In Mérida können Sie die prächtigste Kunstsammlung Yucatáns bewundern (Seite 67)

 Uxmal
Dreimal gebaut und verzaubert: die große Tempelanlage aus der klassischen Mayaepoche (Seite 75)

 Museo de las Estelas Mayas Pina Chan
Ein Museum voll schöner Mayastelen und Jademasken in der Festung von Campeche (Seite 81)

> DIE BESTEN MARCO POLO HIGHLIGHTS

⭐ Luz y Sonido
Eine Multimediashow präsentiert inszenierte Geschichte vor der suggestiven Kulisse der Festung in Campeche (Seite 83)

⭐ Calakmul
Ein Stairway to Heaven im Dschungel (Seite 84)

⭐ Edzná
Im Zentrum der Mayaruinen mitten im Dschungel: das gewaltige Edificio de los Cinco Pisos – fünf Etagen mit Vergangenheit (Seite 84)

⭐ Palenque
Spuren einer untergegangenen Kultur im Regenwald – der Abstecher in den Nachbarstaat Chiapas ist ein Muss. Von allen Anlagen der Maya in Mexiko ist dies die am besten erhaltene (Seite 85)

⭐ Kohunlich
Zwei steinerne Masken von einmaliger Größe im Templo de las Mascarones (Seite 88)

⭐ Sian Ka'an
Zurück zur Natur ist das Motto in dem karibischen Biosphärenreservat, das sich an die Riviera Maya anschließt: 345 Vogelarten, exotische Tiere und ein 110 km langes Korallenriff (Seite 90)

⭐ Xcaret
Der größte unter den yucatekischen Ökoparks gefällt Groß und Klein (Seite 103)

Strand in Akumal an der Riviera Maya

AUFTAKT

> Nirgendwo anders ist Mexiko so vielfältig: An der Karibikküste locken phantastische Strände, hell und feinsandig, von Palmen beschattet und mit Hotels und Pensionen in jeder Preisklasse. Kleine, romantische Badeorte gibt es ebenso wie Weltklasseresorts in Cancún, kleine Inseln wie Cozumel oder Isla Mujeres und Ziele wie Playa del Carmen, das Familien wie junge Leute aus aller Welt gleichermaßen begeistert. Mit Chichén Itzá besitzt die Halbinsel eine der bedeutendsten Pyramidenstätten Mexikos, und der Besuch von faszinierenden Kolonialstädten wie Mérida oder Campeche ist ein weiterer Höhepunkt jeder Yucatánreise.

> Über Florida verliert das Flugzeug an Höhe und beginnt bald darauf den Landeanflug auf Cancún. Palmenhaine und türkis glitzerndes Meer, weiße Strände und kleine Siedlungen rücken ins Blickfeld. *Bienvenidos en Yucatán*, willkommen in Yucatán! Schon der Name der Halbinsel zwischen dem Golf von Mexiko und dem Karibischen Meer weckt Assoziationen an Exotik und Ferienfreuden. In Cancún, auf einer schmalen Landzunge zwischen der Lagune Nichupté und der Karibik, wird der Traum von einem Leben in steter Sonne und unter Palmen Realität: Die Hotels sind luxuriös, die breiten Strände weiß, feinsandig und von Palmen bestanden, das Meer glitzert in allen Schattierungen zwischen Türkis und Dunkelblau.

Von Cancún bis ins 130 km entfernte Tulum erstreckt sich die Riviera Maya: Badebuchten und -orte reihen sich aneinander, dazu locken zahlreiche Natur- und Nationalparks, in denen Tagesausflügler einen ersten Eindruck von Yucatáns Natur bekommen und zwischen prächtigen Fischschwärmen schnorcheln können. In Xcaret wie Xel-Ha bekommt man Meeresschildkröten zu sehen, Delphine und die großartigen Aras, Papageien, die noch immer die mittelamerikanischen Regenwälder bevölkern.

Viele Hotels greifen die traditionelle, landestypische Architektur auf: Die Gebäude sind selten höher als eine Palme, die Restaurants untergebracht auf offenen, mit Palmblättern gedeckten, hölzernen Terrassen. Mit natürlichen Materialien gebaute und in die Landschaft integrierte Hotels oder im spanischen Stil errichtete Gebäude unter Palmen lösen zunehmend die Betonbauten ab.

In Playa del Carmen fühlen sich junge Individualreisende wie Pauschalurlauber gleichermaßen wohl. In der 5a Avenida pulsiert das touristische Leben bis in die frühen Morgenstunden – hier trifft sich eine internationale Szene. Reggaeklänge ertönen jeden Abend: Unmittelbar am Traumstrand liegen Diskotheken, und wird es drinnen zu voll, weichen die Gäste in den Sand aus und tanzen barfuß unterm Sternenhimmel weiter.

> *Ein Leben in steter Sonne und unter Palmen*

Die nur wenige Meter über dem Meeresspiegel liegende Halbinsel ist geologisch gesehen eine flache Kalksteinscheibe. Obwohl es kaum Quel-

AUFTAKT

len und Flüsse gibt, herrscht kein Mangel an Wasser, denn im Karstsockel sammeln sich seit Jahrtausenden Grund- und Regenwasser und bilden unterirdische Ströme, Höhlen und Grotten. An manchen Stellen brach die dünne Kalksteindecke ein – dort wurde das Wasserreservoir für Menschen zugänglich. *Cenotes* nennt man diese natürlichen Wasserstellen, also Karst- oder Dolinenbrunnen.

Die Halbinsel ist groß: 140 000 km^2, doppelt so viel wie Bayern. So verwundert es nicht, dass Sie neben Cancún und der Riviera Maya auch noch ein ursprüngliches Mexiko entdecken können. Ein anderes Yucatán erwartet Besucher schon auf der Isla Mujeres. Statt internationaler Kettenhotels gibt es hier kleine Gästehäuser und Pensionen. Für wenige Dollar kann man wohnen und essen. Abends trifft man sich zu einem Corona-Bier in der Strandbar, und auf die Speisekarte kommt der Fang des Tages.

> *Schnorcheln zwischen prächtigen Fischschwärmen*

Und auch jenseits der paradiesischen Strände, der nach europäischen und US-amerikanischen Vorstellungen gestylten Wohnwelten gibt es in Yucatán noch viel zu entdecken: Mexiko. Ein riesiges, fremdes Land voller schwer verständlicher Rituale und bizarrer Bräuche, laut und voller Leben, manchmal schmutzig und anstrengend. In den Städten und Dörfern leben noch heute Maya, die

Pyramide des Kukulcán in Chichén Itzá: Viermal 91 Stufen führen hinauf. Zusammen mit einer weiteren Stufe für den Tempel auf der Spitze symbolisieren sie die Tage eines Jahres

WAS WAR WANN?
Geschichtstabelle

1500 v. Chr. Olmeken gründen am Golf von Mexiko Siedlungen

200–900 n. Chr. Klassische Epoche der Maya im Süden Mexikos: Stadtstaaten mit Pyramiden, Tempeln und Palästen

Ab 850 Viele Mayasiedlungen werden verlassen, Tolteken kommen nach Yucatán und verbinden sich mit den Maya

1492 Kolumbus entdeckt Amerika

1517–1519 Spanische Seefahrer erkunden die Küsten Yucatáns

1525 Gründung erster spanischer Städte, Beginn der Missionierung

1562 Der Franziskanermissionar Diego de Landa lässt alle Mayaschriften verbrennen

16./17. Jh. Dezimierung der indianischen Bevölkerung durch Sklavenarbeit, eingeschleppte Krankheiten und Massaker

1810–1821 Mexikanischer Unabhängigkeitskrieg

1840–43 Yucatán erklärt seine Unabhängigkeit von Mexiko; es entbrennt ein Krieg mit der Bundesregierung, an dessen Ende General Andrés Quintana Roo Yucatán föderale Rechte zusagt

1847–1902 „Krieg der Kasten" in Yucatán: Maya rebellieren gegen die Spanisch sprechende Bevölkerungsmehrheit, von der sie mit Landenteignungen und Steuern unterdrückt werden

Ab 1865 Der Anbau von Sisal bringt der Halbinsel großen Reichtum

1910–1917 Mexikanische Revolution unter Francisco Madero

2008 Bundeskanzlerin Angela Merkel trifft den mexikanischen Präsidenten Felipe Calderón Hinojosa in Mexiko-Stadt

Nachkommen jenes präkolumbischen Volks, das lange vor der Ankunft der Spanier großartige bauliche Leistungen vollbrachte. Ein Volk, das stolz ist auf die prächtigen Hinterlassenschaften seiner Vorfahren und das mit seinen Traditionen lebt. Im Schnitt stellen *indígenas*, die indianischen Ureinwohner, in Mexiko nur 15–20 Prozent der Bewohner, in Yucatán sind es 30. Und Mestizen, also Nachkommen aus Verbindungen von Weißen und Indianern, bilden das Gros der Bevölkerung. Heute gehören die Maya, einst die Herren des Landes, zu den Armen und Benachteiligten.

Nach wie vor bewirtschaften die Menschen ihre Felder mit denselben Methoden wie ihre Vorfahren. Frühmorgens werden die landwirtschaftlichen Erzeugnisse in die Dörfer gebracht. Auf den Märkten verkaufen Maya ihre Ernteerzeugnisse: vor allem Mangos, Papayas, Zwiebeln und Avocados.

Ein Sprung hinüber nach Campeche am Golf von Mexiko: In der Kolonialstadt an der Westküste der Halbinsel herrscht mexikanischer Alltag statt touristischer Betriebsamkeit. In den Cafés unter den Arkaden serviert man für ein paar Pesos ein üppiges mexikanisches Frühstück. Meterdicke Festungsmauern aus der Piratenepoche umschließen die Altstadt.

Paläste der Kolonialzeit prägen das Gesicht von Mérida, Yucatáns stilvoller Hauptstadt, seit der Gründung im Jahr 1542 kulturelles Zentrum der Halbinsel. Noch um 1900 verzeich-

AUFTAKT

nete Mérida mehr Dollarmillionäre als Paris oder New York. Reich wurden die Bürger durch den Anbau und den Handel mit Sisal. In den Boomjahren des „grünen Goldes" von Yucatán entstanden prächtige Alleen und Stadtpaläste, riesige Haciendas

Um die Halbinsel in all ihrer Vielfalt kennenzulernen, müssen Sie viel unterwegs sein. Die beste Zeit dafür ist der europäische Winter: In diesen Monaten ist das Klima für Europäer gut verträglich, und am Meer sorgt eine stete Brise für Abkühlung.

An der Plaza de Armas, dem Herzen Méridas: koloniale Paläste wie der Palacio del Gobierno

vor den Toren Méridas. Mit der Entdeckung der Kunstfaser begann jedoch der Niedergang. Heute beherbergen viele ehemalige Paläste der

> *Am Karibikstrand barfuß unterm Sternenhimmel tanzen*

Sisalbarone Konsulate, Hotels und Museen, und stillgelegte Haciendas wurden zu Luxuswohnanlagen umgebaut.

In den Sommermonaten wird es dagegen unerträglich schwül und heiß, und wer mit öffentlichen Verkehrsmitteln unterwegs ist, wird bald kapitulieren. Im Landesinneren, bei den Pyramidenstätten, scheint die Luft zu stehen, und nur am Pool der Hotels und in den klimatisierten Zimmern ist es auszuhalten. Das sollte man berücksichtigen, wenn man eine Reise nach Yucatán plant und sich die lange (und nicht eben billige) Anreise auch lohnen soll.

▶▶ TREND GUIDE YUCATÁN

Die heißesten Entdeckungen und Hotspots! Unser Szene-Scout zeigt Ihnen, was angesagt ist

Katrin Schikora

hat sich auf einer ihrer Reisen in Yucatán verliebt und ist dort geblieben. Nun lebt unser Szene-Scout schon 20 Jahre auf der Halbinsel und kennt die neuesten Hotspots und Trends. Die Künstlerin ist fasziniert von der Kreativität und Vielseitigkeit der Region. Wenn sie sich nicht in ihrem Atelier in Cholul aufhält, kümmert sie sich am liebsten um ihren selbst gepflanzten tropischen Garten.

▶▶ ZIP-LINING

An Stahlseilen durch den Dschungel

Abenteuer der anderen Art erwarten Actionbegeisterte in Yucatán. Hier führen flaschenzugähnliche Stahlseilkonstruktionen, sogenannte Zip-Lines, durch den Dschungel. Auf einer Strecke von 2 Meilen sausen Mutige bei der *Selvatica Canopy Expedition* von *Cancun Vista* (www.cancunvista.com) in 15 m Höhe über Palmen und *cenotes* hinweg. Mit den Guides von *Alltournative Expeditions* (www.alltournative.com) geht es wie im Flug über den Regenwald bei Playa del Carmen. Für Zip-Lining-Abenteuer bei Cancún ist das Team von *Jeep Adventures* (www.jeepadventures.com, Foto) zuständig.

ISZENE

▶▶ ARTEN ERHALTEN

Yucatán packt an!
Kultur und Natur der Region sind ein lebendiges Stück Geschichte, das bewahrt werden muss. Darum kümmern sich Organisationen wie die *Pronatura Península de Yucatán* mit zahlreichen Projekten um heimische Tiere oder den Erhalt der Mayakultur *(www.pronatura-ppy.org.mx)*. Für die Nistplätze der rosafarbenen karibischen Flamingos kämpfen *Niños y Crías (www.ninosycrias.org)*. Sie bauen zerstörte Nester wieder auf, sichern sie und bemühen sich um Patenschaften. *Proyecto Itzaes (www.proyectoitzaesusa.org)* versorgt Kinder aus Mayadörfern mit Schulmaterial, baut Büchereien und will so den Analphabetismus bekämpfen.

▶▶ ALLES IN EINEM!

Dinner & Dance
Die Nachtschwärmer Yucatáns lieben die Vielseitigkeit, und so setzen auch die Hotspots der Region auf All-in-one-Konzepte. Im *Carlos 'n Charlie's (Plaza Forum, Paseo Kukulcán km 9, Cancún, www.carlosandcharlies.com)* serviert der Chefkoch *fajitas* oder Hummer, bevor bei Livemusik die Nacht zum Tag wird. Tapas, Tequila und Jazz unter Palmen verspricht

das Bar-Restaurant *Iguana Azul (Calle 55 Nr. 11, Campeche, www.laiguanaazul.com)*. Auch das *La Kabbala* in Mérida besuchen Kenner nicht nur wegen der leckeren Gerichte, denn hier sorgen Livebands für Partystimmung. Für einen ersten Überblick über die Nightlifeszene Cancúns sorgt die *Party Hopper Tour (www.cancunpartyhopper.com)*.

▶▶ HAUPTSACHE 3-D

Skulpturen-Hotspot Mérida

Ob aufregende Gebilde am Straßenrand oder kunstvoll geformte Lampen – Méridas Kunstszene spezialisiert sich auf Skulpturen. Angefangen hat alles mit der *Ruta de las Esculturas:* Im Rahmen des Projects *MYCE (Mérida de Yucatán – Ciudad de la Escultura, www.myce.org)* wurden entlang des Paseo de Montejo immer wieder Freiluftskulpturen aufgebaut. Auch Katrin Schikora formt dekorative Objekte wie Leuchten aus Keramik, die sie in ihrem Showroom in Cholul ausstellt *(Calle 24 Nr. 96 x 15 y Laureles, www.katrin-schikora.com, Foto)*. Rosario Guillermo *(www.arteven.com/rosario_guillermo.htm)* denkt in größeren Dimensionen, und so überragen seine surrealistischen Objekte auch gerne die 1-m-Grenze. Die *Casa de los Artistas (Gallery Row, Calle 60 Nr. 405, www.artistsinmexico.com)* in Mérida bietet regionalen Künstlern Raum für Ausstellungen.

▶▶ FILMFIEBER

Cineasten unter sich

Yucatán will weg von Telenovelas und in die große Filmbranche einsteigen. Die Region bietet nicht nur atemraubende Locations für Filme, sondern will durch Filmfestivals und die geplante Filmschule auch in Sachen Produktion auf sich aufmerksam machen. So auch *Yucatan Films (www.yucatanfilms.com)* aus Mérida, die derzeit an verschiedenen Lifestyle- und Real-Life-Projekten arbeiten. Die besten Drehorte der Region kennen die Location-Scouts von *Yucatan Productions (www.yucatanproductions.com, Foto)*. Das Who's who der mexikanischen Filmszene trifft sich beim alljährlichen *Cancun Film Fest (www.cancunfilmfest.com.mx)*. Newcomer präsentieren ihre Werke beim *Riviera Maya Underground Film Festival (www.rmuff.com)*. Wer außerhalb der Festivalzeit gute Filme sehen will, begibt sich nach Mérida ins *LA68 Cinema (Centro de Cultura Elena Poniatowska, Calle 68 Nr. 470 a)*. Das Freiluftkino zeigt nicht nur die neuesten Indiefilme, von Zeit zu Zeit finden sich hier auch Regisseure, Produzenten und Schauspieler ein und stehen Rede und Antwort.

SZENE

▶▶ REVIVAL

Old School Cooking

Während sich Spitzenköche an molekularen Experimenten versuchen, besinnen sich die Restaurants der Region auf Altbewährtes. Mit Kochtechniken aus alten Zeiten kreieren die Küchencrews moderne Versionen der klassischen yucatekischen Küche. Im *Los Almendros (Calle 50 Nr. 493, Mérida, www.losalmendros.com.mx, Foto)* serviert der Chefkoch *cochinita pibil*: in Bananenblättern gebratenes Spanferkel mit Annattosauce. Das Restaurant *El Último Maya* in Akumal bringt authentische Gerichte, gekocht nach alter Tradition, auf die Teller. Tequila wird im Restaurant *La Destileria (Paseo Kukulcán km 12, Cancún, www.ladestileria.com.mx)* nach alten Rezepten mit in die Speisen gemischt.

▶▶ SÜSSE VERFÜHRUNG!

Kakaowellness

Schokolade für die Schönheit. Das *Cocoa Ritual* im Spa-Resort *Ceiba del Mar (Costera Norte Mz 26 Lote 1, Puerto Morelos, www.ceibadelmar.com, Foto)* sorgt mit Peeling, Massage und Maske für Entspannung und samtweiche Haut. Auch im *Maya Tulum Wellness Retreat & Spa (Tulum, www.mayatulum.com)* kommt die süße Bohne gleich dreifach zum Einsatz. Highlight der Anwendung mit dem vielversprechenden Namen *Chocolate Nobility* ist ein Wrap mit Kakaobalsam. Fest verpackt in Schokoladencreme und Bananenblätter relaxen Wellnessfans im *Maya Spa Wellness Center (Tulum, www.maya-spa.com)*.

▶▶ LATIN ADE!

Yucatán rockt

Salsa, Merengue und Co.? Das ist nichts für die Newcomerbands der Region! So setzen z. B. die fünf Jungs von *A Bullet In Your Head (www.myspace.com/abiyh)* aus Campeche auf rockige Sounds mit viel E-Gitarre, Bass und Drums. *Enrique Inurreta (www.myspace.com/enriqueinurreta)* trumpft mit rockigen Gitarrensolos à la Metallica auf. Live überzeugen die Rocker der Region beim Underground Festival *Mayaland Chaos Fest (www.myspace.com/asproductora)* in Mérida. Auch im *Hard Rock Café Cancún (Paseo Kukulcán km 10, www.hardrock.com, Foto)* oder im *Bulldog Cafe Cancún (Paseo Kukulcán km 8, www.bulldogcafe.com)* rocken Bands die Bühnen.

> HACIENDAS UND HURRIKANS, MARIACHIS UND MAYA

Notizen zum Schwimmen in Brunnen, zur Kultur der Maya – und zum Bungeejumping a la mexicana

BEVÖLKERUNG

Mexiko hat rund 110 Mio. Ew., von denen fast vier Fünftel Mestizen sind, also Nachkommen aus Verbindungen von Europäern mit der indigenen Bevölkerung. Die Nachfahren der präkolumbischen Volksgruppen – Maya, Azteken, Zapoteken, Mixteken, Tolteken und andere – umfassen heute etwa 15–20 Prozent der Bevölkerung, die restlichen fünf Prozent sind Weiße. Die auf der Halbinsel Yucatán (3,6 Mio. Ew.) lebende indigene Bevölkerung (30 Prozent) gehört dem Volk der Maya an. An der Riviera Maya findet man zudem zahlreiche Auswanderer aus Deutschland, Österreich, der Schweiz und den Niederlanden, die dort Hotels betreiben oder anderweitig im Tourismus tätig sind. Fast die gesamte Bevölkerung Mexikos ist römisch-katholischen Glaubens.

> *www.marcopolo.de/yucatan*

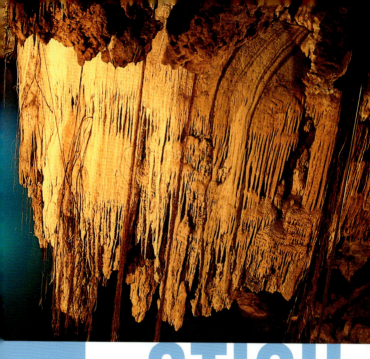

STICH WORTE

CENOTE

Die flache, aus Korallenkalk gebildete Halbinsel Yucatán war vor zwei Jahrtausenden reiches Ackerland, von Maya besiedelt, die in Hunderten von Dörfern und Städten wohnten. Wie war das möglich, da es doch im Norden der Halbinsel keine Flüsse gibt? Mit Wasser versorgten sich die Maya durch unterirdische Reservoire. *Cenotes* (Dolinen), in der Mayasprache *dzonot,* heißen diese natürlichen Brunnen. Entstanden sind sie durch Einbrüche der dünnen Kalksteindecke, die Zugang zu den dicht unter der Oberfläche liegenden Wassergrotten schufen. Rund 2000 dieser Süßwasserhöhlen und -brunnen sind in Yucatán bisher entdeckt worden. Die Maya gründeten ihre frühen Siedlungen in der Nähe von *cenotes* und bewässerten ihre Felder durch ein ausgeklügeltes System von Kanälen.

FAUNA & FLORA

Yucatán ist von einer 1500 km langen Küste umgeben, deren Lagunen, Buchten, Riffe und Flussmündungen Heimat für ein vielfältiges Unterwas-

Der Pelikan ist ein häufig anzutreffender Vogel an den Küsten von Yucatán

serleben sind. Zahlreiche Arten tropischer Fische und unterschiedliche Schaltiere sowie Meeresschildkröten ziehen Taucher aus aller Welt an. Pelikane und Reiher tummeln sich entlang der Küsten, Kormorane und Flamingos sind ebenfalls häufig zu entdecken. Die selten gewordenen Seekühe *(manatís)* leben in der Bucht von Chetumal und im Reservat von Sian Ka'an. In Yucatáns Reservaten freut man sich über erste Zuchterfolge der bereits vom Aussterben bedrohten riesigen Säugetiere. Auch dem Schutz der Meeresschildkröten widmet man sich auf der Halbinsel. In Vollmondnächten suchen die Tiere einsame Strände zur Eiablage. Die Sonne brütet die Eier aus, und sofort nach dem Schlüpfen versuchen die jungen Schildkröten, ins Meer zu gelangen. Besonders artenreich ist im Regenwald die Welt der Schmetterlinge, Reptilien und Vögel.

Entlang der Strände ziehen sich Palmen. Während der Norden der Halbinsel trocken und von niedrigem Buschwerk bedeckt ist, schließen sich südlich das Sumpfland von Campeche und der Regenwald *(selva)* von Belize und Guatemala an, eine weithin unzugängliche, wegelose Gegend. Wertvoll für die Menschen sind seit jeher der Gummibaum *(zapote, zapodilla)*, aus dessen hartem Holz bereits die Maya ihre Türstürze fertigten, sowie der Brotfruchtbaum *(ramón)*, der ein beliebtes Nahrungsmittel liefert. Im Süden gedeiht auch der eindrucksvolle Kapokbaum *(ceiba)*, der heilige Baum der Maya.

HACIENDAS

Mit dem wirtschaftlichen Aufstieg Yucatáns im 19. Jh., ausgelöst durch den Anbau von Sisalagaven *(henequén)*, entstanden überall im Norden der Halbinsel Yucatán herrliche Haciendas. Um 1860 begann im Nordwesten der Halbinsel der Siegeszug des „grünen Goldes"; 1927 waren insgesamt 658 Haciendas in Betrieb. Eine Agavenart, die in Yucatán besonders gut gedeiht, lieferte die Hartfaser für Garne und Seile. Zwischen 1880 und 1920 wurden enorme Mengen des begehrten Materials produ-

STICHWORTE

ziert, sodass die Eigner der Haciendas sich prunkvolle Landsitze und Herrenhäuser erbauten. 1960 beendete die synthetische Faser den Boom. Haciendas spiegeln noch heute den Lebensstil der mexikanischen Oberschicht wider. Einige der Anwesen öffneten inzwischen als Hotels und Restaurants ihre Tore für zahlende Besucher, andere wurden hergerichtet als Museen und bieten Gelegenheit, die Vergangenheit Yucatáns anschaulich kennenzulernen. Einige der schönsten Haciendahotels findet man auf www.thehaciendas.com.

HURRIKAN

Der präkolumbische karibische Gott Huracán gab den Wirbelstürmen seinen Namen. Jedes Jahr im Herbst ist es so weit, wenn über der Karibik Luftmassen mit unterschiedlicher Temperatur und Feuchtigkeit aufeinander treffen. Dann brausen die Stürme mit bis zu 200 km/h über das Meer und die Inseln auf die Küsten zu. Zum Glück kann man Hurrikans heute weitgehend vorhersagen, sodass Menschen normalerweise nicht zu Schaden kommen.

MARIACHI

Inbegriff mexikanischer Musik sind die *mariachi*-Kapellen aus honorig auftretenden Herren in stolzem Habitus, gekleidet in schwarze Anzüge mit gold- oder silberglänzenden Knöpfen und breitem Sombrero. Bis zu zehn Musiker spielen Bass, Gitarre, Geige, Trompete, dazu wird inbrünstig gesungen. Treten die *mariachis* in Restaurants auf, dann schuldet man ihnen eine *propina* (Trinkgeld), sofern man ein bestimmtes Lied wünscht. Bieten sie ihre Dienste auf Plätzen an, dann vereinbart man vorher eine angemessene Gage (ca. 7–8 US-$ pro Lied).

MAYA

Rund 3000 Jahre ist die Kultur der Maya alt, während der Blütezeit vom 6. bis zum 9. Jh. entstanden in Mexikos Süden sowie im heutigen Guatemala, Belize und Honduras die prächtigsten Stadtstaaten mit Pyramiden, Tempeln und Palästen. Die Maya dekorierten ihre Gebäude mit Stuck, Reliefs, Skulpturen und aufwendigen Wandmalereien. Eine Besonderheit

> MEXIKANISCHE ADRESSEN
Für Europäer sind die Adressenangaben oft ungewohnt

In vielen Straßen gibt es keine Hausnummern, gelegentlich werden daher Kilometerangaben (z. B. Paseo Kukulcán km 3,6) gemacht. Ist eine Hausnummer angegeben, bedeutet dies nicht, dass sie auch am Haus sichtbar ist. Auch ist die Abfolge der Hausnummern in einer Straße nicht immer logisch. Bei Adressen wird daher möglichst eine Ecke mit einer Querstraße angegeben (z. B. Avenida Guerrero/Calle Madero) oder zwischen welchen beiden Querstraßen die Adresse zu finden ist (z. B. Av. Juárez zwischen Calle 5 und 7). „Avenida" wird meist abgekürzt (Av.), „Calle" oft weggelassen.

bilden die sogenannten Kraggewölbe: Die Steine zweier gegenüberliegender Mauern wurden nach oben hin so aufgetürmt und miteinander verkragt, dass in der Mitte schließlich ein einziger Stein genügt, um das Gewölbe zu stützen. In Yucatán bildeten die Maya unterschiedliche Baustile heraus: In der Puuc-Region südlich von Mérida legte man Wert auf eine reiche Ausschmückung der Pyramiden und Tempel. Säulen und Friese, die aus Hunderten von Göttermasken und geometrischen Motiven gebildet sind, schmücken die Fassaden. In der Chenes-Region südlich von Campeche wiederum weiteten sich die Tempel zu überreich geschmückten Palästen aus, die Masken nahmen gewaltige Ausmaße an. Den Río-Bec-Stil im Westen von Chetumal kennzeichnen hohe Zwillingstürme mit Treppen, die so steil und abgerundet sind, dass man sie nicht begehen kann. In der Mathematik und Astronomie besaßen die Maya Kenntnisse, die sie zur Entwicklung eines exakten Kalenders befähigten. In der Mathematik führten sie die Null ein. Darüber hinaus entwickelten sie eine Hieroglyphenschrift, mit der sie auf Stein, Pergament und Baumrinden Aufzeichnungen vornahmen.

Ein Seil, vier *voladores*, 13 Umdrehungen: Zahlensymbolik der Maya

POLITIK

Die Vereinigten Staaten von Mexiko bilden eine Föderation aus 31 Bundesstaaten und dem Bundesdistrikt Mexiko-Stadt. Drei Staaten teilen sich die Halbinsel Yucatán: Campeche im Westen, Yucatán im Norden und Quintana Roo im Osten. Der für sechs Jahre gewählte Staatspräsident wurde seit 1929 71 Jahre lang ununterbrochen von der „Partei der Institutionalisierten Revolution" (PRI) gestellt. Bei der Präsidentschaftswahl 2000 siegte erstmals die katholisch-konservative PAN. Seit Ende 2006 amtiert Präsident Felipe Calderón Hinojosa von der PAN.

VOLADORES

Vor den großen archäologischen Stätten wird oft ein artistisch anmutendes Schauspiel vorgeführt, die *danza de los voladores,* das auf präkolumbische Traditionen zurückgeht.

> *www.marcopolo.de/yucatan*

STICHWORTE

Auf der Spitze eines 10 bis 30 m hohen Pfahls ist ein quadratischer Holzrahmen befestigt. Unterhalb dieser kleinen, drehbaren Plattform sind vier lange Seile um den Mast gewickelt. Fünf Indios, gekleidet in phantasievolle Kostüme, klettern geschickt nach oben. Vier der Männer setzen sich an die Seiten der Plattform und binden sich ein Seilende um die Hüfte. Der Fünfte thront in der Mitte, spielt Flöte und tanzt dazu. Auf ein Kommando lassen sich die vier *voladores* kopfüber vom Rahmen fallen, der sich zu drehen beginnt. Die „Flieger" schweben mit dem Kopf voran und ausgebreiteten Armen zu Boden. Dabei drehen sie sich um den Mast, von dem sich die Seile abwickeln. Sie machen 13 Umdrehungen und wenden sich kurz vor dem Auftreffen auf dem Boden, um auf den Füßen zu landen. Die Vorführung hat eine symbolische Bedeutung: Vier *voladores* mal 13 Umdrehungen ergibt 52 – eine magische Zahl des Mayakalenders. Während der Vorstellung wird von den Zuschauern Geld eingesammelt.

WIRTSCHAFT

Mexiko ist traditionell ein Agrarland. Auf der Halbinsel Yucatán werden Mais, Bohnen, Chilis, Kartoffeln, Reis und Zuckerrohr sowie Avocados, Papayas, Mangos, Zitrusfrüchte und Bananen angebaut. Auch Kautschuk wird immer noch gewonnen. Mexiko besitzt zudem sehr große Erdölvorräte. In Yucatán ist der Tourismus die Einkommensquelle Nummer eins. Rund 500 Menschen verlassen hier täglich für immer ihre Hütte auf dem Land und ziehen in die Badeorte, um sich als Kellner, Fahrer, Putzfrau oder Wächter zu verdingen.

> DAS KLIMA IM BLICK
Handeln statt reden   atmosfair

Reisen bereichert und verbindet Menschen und Kulturen. Jedoch: Wer reist, erzeugt auch CO_2. Dabei trägt der Flugverkehr mit bis zu 10 % zur globalen Erwärmung bei. Wer das Klima schützen will, sollte sich somit nach Möglichkeit für die schonendere Reiseform (wie z.B. die Bahn) entscheiden. Wenn keine Alternative zum Fliegen besteht, so kann man mit *atmosfair* handeln und klimafördernde Projekte unterstützen.

atmosfair ist eine gemeinnützige Klimaschutzorganisation.

Die Idee: Flugpassagiere spenden einen kilometerabhängigen Beitrag für die von ihnen verursachten Emissionen und finanzieren damit Projekte in Entwicklungsländern, die dort helfen den Ausstoß von Klimagasen zu verringern. Dazu berechnet man mit dem Emissionsrechner auf *www.atmosfair.de* wie viel CO_2 der Flug produziert und was es kostet, eine vergleichbare Menge Klimagase einzusparen (z.B. Berlin–London–Berlin: ca. 13 Euro). *atmosfair* garantiert, unter der Schirmherrschaft von Klaus Töpfer, die sorgfältige Verwendung Ihres Beitrags. Auch der MairDumont Verlag fliegt mit *atmosfair*.

Unterstützen auch Sie den Klimaschutz: *www.atmosfair.de*

FIESTA, FEUERWERK, FOLKLORE
Einen Grund zu feiern gibt es in Mexiko immer

OFFIZIELLE FEIERTAGE

1. Jan. *Año Nuevo;* **5. Feb.** *Día de la Constitución* (Tag der Verfassung); **21. März** *Natalicio de Benito Juárez* (Geburtstag von B. Juárez); **1. Mai** *Día del Trabajo;* **5. Mai** *Día de la Batalla de Puebla* (Jahrestag der Schlacht von Puebla 1862); **1. Sept.** *Informe Presidencial* (Bericht des Präsidenten); **16. Sept.** *Día de la Independencia* (Unabhängigkeitstag); **12. Okt.** *Día de la Raza* (Kolumbustag, auch „Tag der Rasse"); **20. Nov.** *Día de la Revolución;* **25. Dez.** *Navidad*

RELIGIÖSE FEIERTAGE UND FESTE

6. Jan. *Día de los Reyes Magos;* **2. Feb.** *Día de la Candelaria* (Kerzenfest mit Prozessionen); **Ostern** *(Semana Santa):* Prozessionen und Passionsspiele; **15. Aug.** *Nuestra Señora de Izamal* (Mariä Himmelfahrt); **1./2. Nov.** *Día de los Muertos* – bizarrer Totenkult; **12. Dez.** *Virgen de Guadalupe* – Prozessionen im Gedenken an die Schutzheilige des Landes

FESTIVALS UND VERANSTALTUNGEN

6.–10. Jan.
Fiesta de los Santos Reyes, der Heiligen Drei Könige, in Tizimín mit Prozessionen und Feuerwerk.

Februar
Karneval mit viel Musik, Tanz und Alkohol; berühmt ist der karibisch geprägte Karneval in Mérida.

21. März
★ *Equinoccio:* Licht-und-Schatten-Spiel in Chichén Itzá, Illuminationseffekt in Dzibilchaltún (ca. 5.30 Uhr).

1.–3. Mai
Fiesta de Santa Cruz (Feria de Cedral): Feier der ersten katholischen Messe in Mexiko in El Cedral auf Cozumel.

1. Juni
Día de la Marina: Der Tag der Seefahrt wird groß gefeiert, mit Paraden, Feuerwerk sowie Segel- und Angelwettbe-

Aktuelle Events weltweit auf www.marcopolo.de/events

> EVENTS
FESTE & MEHR

werben; in Yucatán vor allem in Chetumal und Campeche.

24. Juni
Festividad de San Juan in Campeche: Bootsparade mit dem Bild des Heiligen entlang dem Malecón (Uferpromenade).

25. Juli
Fiesta de Santiago Apóstol in Río Lagartos mit Jahrmarkt, Musik, Prozessionen, Musik und Feuerwerk.

September
Einen Monat lang feiert Cancún das *Viva-México!-Festival* mit Folklore, Tanz und Musikshows sowie einem Filmfestival und Kunsthandwerksausstellungen.

7.–21. Sept.
Fiesta de San Román in Campeche mit Jahrmarkt, Tänzen und Feuerwerk.

17.–27. Sept.
Fiesta del Cristo de las Ampollas (der Brandblasen): großes religiöses Fest in Mérida mit Prozessionen, Musik, Jahrmarkt und Tanzdarbietungen.

22. Sept.
Equinoccio: siehe 21. März.

24.–29. Sept.
Fiesta de San Miguel Arcángel: Fest des Schutzpatrons von Cozumel mit Prozession und Tänzen.

29. Nov.–10. Dez.
Fiesta de la Virgen de Izamal: Patronatsfest mit Prozessionen und großem Jahrmarkt in Izamal.

8. Dez.
Fiesta de la Purísima Concepción in Celestún mit viel Musik und Tanz.

16.–24. Dez.
Neun Tage lang feiert man Weihnachten, indem Familien als Pilger *(peregrinos)* von Haus zu Haus ziehen und Maria und Josef symbolisieren. Das Fest endet mit der *Noche Buena* (24. Dez.).

> MARGARITAS, MAIS UND MEERESFRÜCHTE

In Yucatán ist die mexikanische Küche vor allem karibisch inspiriert

> Aus der mexikanischen Küche nicht wegzudenken ist der Mais – in allen Variationen. Dennoch darf man mexikanische Küche nicht auf Tortillas und Mais reduzieren.

Yucatán ist umgeben von Meer – kein Wunder, dass Fisch und Meerestiere seit jeher eine große Rolle spielen: *huachinango* (Red Snapper) und *calamar* (Tintenfisch), *cazón* (Hundshai) und *róbalo* (Meerbarsch). Immer wieder tauchen auf den Speisekarten *camarones al mojo de ajo* auf, Garnelen, die mit reichlich Knoblauch gebraten werden. Die mexikanische Variante der Paella ist Reis mit Meeresfrüchten *(arroz con mariscos)*. Oft angeboten wird *huachinango*. Der Fisch mit dem milden Aroma wird gegrillt, gebraten und gedünstet serviert. Eine verbreitete Form der Zubereitung ist auch das Garen in Alufolie oder einer Papierhülle *(empapelado)*. Die Bezeichnung *a la mexicana*

> *www.marcopolo.de/yucatan*

ESSEN & TRINKEN

bedeutet, dass das jeweilige Gericht mit Zwiebeln, Tomaten und Chilis zubereitet wird.

Typisch für das Straßenbild sind die Garküchen. An behelfsmäßig gezimmerten Ständen zaubern Mexikanerinnen die gesamte Palette schmackhafter einheimischer Imbisse. Man isst im Stehen oder nimmt Platz auf den bereitstehenden Hockern – Fast Food einmal anders. Was gibt es zu essen? Tortillas (Maispfannkuchen), in die man Gemüsestückchen, Hühnchenteile, Fisch, Käse und Bohnen wickelt. Das entstandene Fingergericht heißt dann *enchilada,* mit überbackenem Käse werden daraus *enchiladas suizas.*

Seit jeher rundet Obst in Yucatán ein Essen ab. Neben Ananas, Mangos und Orangen überzieht man auch Kürbis und Kaktusfeigen mit Sirup, exotische Leckereien, wie sie auch Kinder lieben. Aus Mérida stammt der Kaiserkuchen *(torta imperial)*, der aus gemahlenen Mandeln und viel Eigelb zubereitet wird und seine besondere Note durch die Verwendung von reichlich Vanille und Zimt erhält. Beim Nachspeisenbuffet in den Hotels ist Karamellpudding *(flan)* gefragt und auch die beliebte *crème brûlée*, eine karamellisierte Sahnecreme. Und Milchreis *(arroz con leche)* schmeckt nicht nur Kindern.

Mexikaner essen gern auswärts, Restaurants gibt es daher in allen Preisklassen und Variationen, auch solche mit ausländischer Küche. Zur Rechnung kommen 15 Prozent Mehr-

> SPEZIALITÄTEN
Genießen Sie die typisch yucatekische Küche!

botanas/antojitos – kleine Kostproben aus der Küche
camarones a la parrilla – Langusten vom Grill
carne asada – dünne, gebratene Rindfleischscheiben
ceviche – in Limettensaft marinierter Cocktail aus rohen Meeresfrüchten
chaya – yucatekisches Gemüse, ähnlich wie Spinat
cochinita pibil – in Bananenblättern gegartes Schweinefleisch
frijoles molidos – Püree aus schwarzen und roten Bohnen mit Zwiebeln und Paprika
frijoles refritos – gebratener roter oder schwarzer Bohnenbrei
guacamole – pürierte Avocados mit Chili, Limettensaft und Tomaten
jicama – mexikanische Knolle (deutsch Yam oder Jams), ähnlich der Kartoffel
panuchos – gebratene Tortillas mit Bohnenbrei, Geflügel und Salat
papadzules – yucatekische Tortillas mit hart gekochtem Ei, Kürbiskernen und Tomatensauce
pescado ahumado – geräucherter Fisch
plátanos fritos – gebratene Kochbananen
poc chuc – gegrilltes, in Orange mariniertes Schweinefleisch
pollo pibil – mariniertes Hühnerfleisch, im Bananenblatt gebacken
quesadillas – Tortillas mit Käse
relleno negro – Truthahn, Hackfleisch und Eier in schwarzer Chilisauce
salbutes – *panuchos* ohne Bohnenbrei
sopa de lima – Hühnerbrühe mit Huhn, Tortillastückchen und Limette
sopa negra – schwarze Bohnensuppe mit Gemüse und Ei
taco/tostada – Tortilla mit Fleisch, Fisch oder Gemüse gefüllt bzw. belegt (Foto)
tamal/tsotolbichay – in Bananen- oder Maisblättern gedämpfter Maisfladen, gefüllt mit Fleisch und Paprika
tikinxic – ganzer marinierter Fisch, gegart im Bananenblatt

ESSEN & TRINKEN

wertsteuer (in Quintana Roo zehn Prozent) hinzu. Empfindliche Besucher sollten die Essensstände am Straßenrand und Garküchen auf Märkten besser meiden. Das staatliche Gütesiegel „H" verweist auf hygienisch einwandfreie Gaststätten.

Das Frühstück heißt *desayuno*, und der mexikanische Tag beginnt mit Eiern, Speck, *frijoles* (gebratenem Bohnenmus) und Käse. Das Mittagessen *(comida)* wird ab 13 Uhr serviert, in den Touristenorten auch früher. Das Abendessen *(cena)* nehmen die Mexikaner später ein als die Europäer.

Als Erfrischungsgetränk *(refresco)* sind vor allem Cola, Limonade und Mineralwasser verbreitet. Vitaminreich sind die frisch gepressten Obst- und Gemüsesäfte, die es nicht nur in Hotels und Restaurants, sondern für wenige Pesos auch am Straßenrand und in speziellen Saftbars zu kaufen gibt. *Agua fresca* heißen mit Wasser versetzte Obstsäfte, in Cancún hygienisch meist einwandfrei, im Landesinneren jedoch eher mit Vorsicht zu genießen. Köstlich schmecken aus den Früchten des Tamarindenbaums zubereitete *agua de tamarindo* und *agua de Jamaica* aus roten Hibiskusblüten. In Mexiko gibt es Hunderte von Mineralquellen, deren Wasser in Flaschen überall im Land für wenige Pesos erhältlich ist. Eine Unsitte einiger Touristenrestaurants ist es daher, Gästen ungefragt für viel Geld importiertes Evian-Wasser vorzusetzen.

Kaffee serviert man in den Touristenhotels gewöhnlich nach US-amerikanischer Art, für den europäischen Geschmack häufig zu dünn. Fragen Sie lieber nach *café de olla*. Dieser Kaffee, wie ihn die Mexikaner schätzen, wird im Tontopf mit Zimt und Nelken aufgekocht, manchmal fügt man noch braunen Zucker und Orangenschale hinzu. Ein köstliches Getränk ist heiße Schokolade. In Mexiko besteht diese nicht nur aus Kakao und Zucker, sondern auch aus Zimt und weiteren Gewürzen.

Das chillt: Kokosdrink am Karibikstrand

In Yucatán kennt man eine ganze Reihe exotischer Cocktails, meist auf der Basis von Tequila oder Rum. Weltberühmt ist die aus Mexiko stammende *margarita* (Limettensaft mit Tequila, Orangenlikör und zerstoßenem Eis). Beliebt ist auch die *piña colada* (Ananassaft, ungesüßte Creme von Kokosnüssen und brauner Rum mit gestoßenem Eis).

VOLKSKUNST, TON & HÄNGEMATTEN

Die yucatekische Variante des „Doppelbetts" passt sogar ins Handgepäck

> Das mexikanische Kunsthandwerk gehört zu den vielfältigsten der Welt. Vieles, was auf den Märkten als Volkskunst, als *arte popular*, angeboten wird, hat im traditionellen Leben große Bedeutung. Die hölzernen Masken, die es u. a. auf der Isla Mujeres in großer Auswahl zu kaufen gibt, stellen bizarre Charaktere aus dem Alltag und aus der Mythologie dar: Teufel und Dorfpolizisten, Engelchen und Pumas. Sie werden bei Volkstänzen noch heute getragen. Einen ersten Überblick über das Kunstschaffen des Landes erhält man in Volkskunstmuseen *(museos de arte popular)*. In Mérida beispielsweise befindet sich ein Volkskunstmuseum, das detailreich über die Kunsthandwerksproduktion informiert.

HÄNGEMATTEN

Hängematten und Mexiko gehören zusammen – ein typisches mexikanisches Produkt und ein ideales Mitbringsel aus Yucatán, denn hier war es, wo fast ein Jahrhundert lang, von 1865 bis etwa 1960, das Rohprodukt für die Hängematten hergestellt wurde. Die *hamaca* wird heute nicht mehr nur aus Sisalfasern, sondern zunehmend auch aus Seide (am teuersten), Baumwolle oder Nylon (am billigsten) gefertigt. Ihre Qualität ergibt sich weiterhin aus der Dichte der Knoten und damit der Enge der Maschen. Auch bei der Größe muss man aufpassen: Im Vergleich zu Mexikanerinnen und Mexikanern eher groß gewachsene Europäer nehmen lieber die Ausführung *matrimonial*, mit anderen Worten: das Doppelbett.

LEBENSBÄUME

Maria und Josef unter einem blühenden Baum, umgeben von zwitschernden Vögeln, Engeln und Paradiesblumen: Die halbrunden, aus Ton gearbeiteten Lebensbäume *(árboles de la vida)* sind besonders prächtige Vertreter des mexikanischen Kunsthandwerks. Neben Szenen aus der Bibel werden solche aus mexikanischen Legenden wieder-

> EINKAUFEN

gegeben. Die teilweise beträchtlichen Preise (von 50 bis 2500 Euro) sind abhängig vom Detailreichtum, der Größe sowie vom Bekanntheitsgrad des Künstlers.

MÄRKTE

Indianische Webarbeiten, kunstvoll bestickte Blusen, bunt gemusterte Jacken und Westen sowie Tücher gibt es in großer Auswahl auf den farbenfrohen Märkten zu kaufen. Die Halbinsel Yucatán ist der richtige Ort, um die die weißen, am Ausschnitt bestickten Blusen im typisch yucatekischen Stil zu kaufen sowie die leichten Panamahüte, die u. a. in einem kleinen Dorf in der Nähe von Campeche gefertigt werden. Was gibt es außerdem? Geflochtene Körbe in jeder Größe, exotisches Obst und Gemüse sowie Kräuter für medizinische Behandlung, neuerdings auch CDs, DVDs und Bekleidung aus Fernost.

SCHMUCK

Mexiko ist reich an Bodenschätzen. Kein Wunder, dass es überall Ketten mit den schönsten Edelsteinen wie aus Natursteinperlen zu kaufen gibt, phantasievoll verarbeitet. Yucatán ist zudem ein lohnendes Ziel für den Kauf von Silberschmuck. Die im Land hergestellten Ketten, Ringe, Armbänder und Ohrringe sind preisgünstig, handwerklich gut verarbeitet und in unzähligen Ausfertigungen zu haben.

TONWAREN

Trotz des Siegeszugs von Plastik und Kunststoffen benutzt man nicht nur in dörflichen Gegenden nach wie vor traditionelles Tongeschirr. Denn bei der Vorratshaltung sind die bauchigen Krüge und Vasen, die ihren Inhalt schön kühl halten, sehr beliebt. Typisch mexikanisch sind auch die herrlichen Talaverakacheln aus Puebla; deren ornamentale Muster und kräftige Farben zeigen sich auch auf Tongeschirr, auf Kannen, Tellern, Tassen, Schalen und Schüsseln.

> BOOMREGION AN DER KARIBIK

Rund ums Jahr herrscht Saison für Taucher und Sonnenanbeter, Romantiker und Vergnügungssüchtige

> Wer Yucatán kennt, der kennt auch Cancún. Erst durch die mondäne, auf dem Reißbrett entworfene Touristenhochburg wurde die Halbinsel in aller Welt bekannt. Gleißendes Licht, Palmen, schneeweiße Strände: Die natürlichen Voraussetzungen mögen überall entlang der Küsten von Yucatán die gleichen sein, doch nur im Nordosten finden sich so viele internationale Hotels, Fünfsterneresorts, Boutiquen, Restaurants und ein so üppiges Nachtleben. Noch 1970 war Cancún nur ein winziges Fischernest, heute findet man hier alle renommierten Hotels von Hyatt bis Ritz Carlton.

Einen gewaltigen Urlauberboom verzeichnete auch die Riviera Maya, der Küstenstreifen zwischen Cancún und Tulum. An der Ostküste der yucatekischen Halbinsel kann jeder finden, wonach er sucht: das perfekt durchorganisierte All-inclusive-Resort, das romantische, palmblattge-

Bild: Strand in Tulum

CANCÚN & RIVIERA MAYA

deckte *palapa*-Hotel direkt am karibischen Traumstrand, einfache Hängemattenpensionen, Jetski durch die Mangrovewälder und Tauchen in einem *cenote,* einen Besuch im Mayatempel und Reggae in der Stranddisko. Und wem das Ganze zu steril ist, die Urlaubsmaschinerie zu perfekt, der setzt sich einfach in den Bus und schaukelt in ein paar Stunden zu den Dörfern und Städten im Hinterland der Halbinsel.

CANCÚN

 KARTEN IN DER HINTEREN UMSCHLAGKLAPPE

[119 F2] **Die touristische Entwicklung Cancúns begann 1970, als die zuständige Behörde ein kleines Fischernest zur zukünftigen Touristenhochburg erkor.** Heute gibt es 26 000 Hotelzimmer in 150 Unterkünften, und jährlich kommen 3 Mio. Besucher. Entlang einer 21 km langen und nur 400 m breiten Neh-

CANCÚN

rung in der Form einer Sieben, die zwischen Karibik und der Lagune Nichupté verläuft, reihen sich zwei Drittel der Hotels, allesamt angesiedelt im Vier- und Fünfsternebereich.

Menschen hierher in der Hoffnung, auch ein wenig vom großen Kuchen des Tourismus zu erhalten. Mexikanische Fiestaatmosphäre macht sich breit in „Downtown"-Cancún, wie es

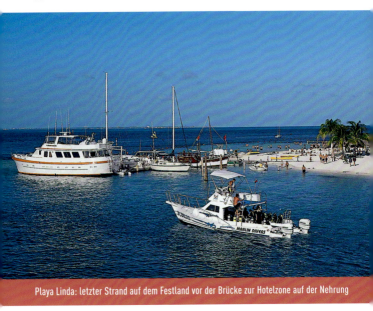

Playa Linda: letzter Strand auf dem Festland vor der Brücke zur Hotelzone auf der Nehrung

Unter ihnen befinden sich kühne Konstruktionen und gewagte Formen in Stahl und Glas. Alles ist makellos gepflegt. Auf dem Paseo Kukulcán spaziert man unter Palmen, üppig blüht Jasmin am Straßenrand. Busse verkehren von Sonnenauf- bis -untergang entlang der Strecke zwischen der Punta-Nizuc-Brücke, die die Hotelzone im Süden mit dem Festland verbindet, und der Playa-Linda-Brücke zur Innenstadt im Norden.

Cancún (800 000 Ew.) ist eine Stadt mit großer Zuwanderungsrate. Aus dem ganzen Land kommen die

hier genannt wird: Souvenirbuden, Freiluftrestaurants und Basare liegen dicht aneinandergereiht. Tatsächlich speist man in Downtown um einiges billiger als in der Hotelzone.

■ SEHENSWERTES
MUSEO ARQUEOLÓGICO INAH

Das Kürzel INAH, dem man in Mexiko häufiger begegnet, bedeutet Instituto Nacional de Antropología e Historia. Ausgestellt sind Fundstücke der Halbinsel Yucatán aus präkolumbischer Zeit, u. a. winzige Figuren aus Jade oder dekorative Ziergegen-

> *www.marcopolo.de/yucatan*

ANCÚN & RIVIERA MAYA

stände aus Silber, die Zeugnis ablegen vom hohen Entwicklungsstand der präkolumbischen Maya. *Tgl. 9 bis 20 Uhr | neben dem Centro de Convenciones, Paseo Kukulcán km 9,5 | www.inahqr.gob.mx/MAC/MAC.htm*

MUSEO CASA MAYA

Schön anzusehen: In einer im Mayastil erbauten Hütte wurde ein ethnologisches Museum zur Mayakultur eingerichtet, gezeigt werden u. a. Werkzeuge, Trachten und Gebrauchsgegenstände. *Di–So 8–18 Uhr | Parque Urbano-Ecológico Kabáh, Av. Kabáh/Av. Nichupté*

RUINAS EL REY

Die größte Pyramidenanlage Cancúns mit insgesamt 47 Gebäuden und einer Ausdehnung von ca. 520 x 70 m ist ein Muss für jeden Besucher. „Der König" wurde diese ehemalige Zeremonialstätte der Maya nach einer hier entdeckten stuckierten Steinfigur mit menschlichem Gesicht genannt. Aus dem Kopfschmuck schloss man auf eine hochgestellte Persönlichkeit. Die Figur ist im INAH-Museum von Cancún ausgestellt. Ein Teil der Bauwerke wurde vermutlich schon während der präklassischen Mayaepoche zwischen 300 v. Chr. und 100 n. Chr. errichtet. Die heutige Form der Gebäude geht jedoch auf die postklassische Epoche (1250–1521) zurück. Das Zeremonialzentrum besteht aus zwei Plazas, umstanden von Gebäuden und kleineren Tempeln. Auf dem L-förmigen Gebäude Nr. I führt von der Plattform eine Treppe zu einem Tempel mit zwei Kammern, deren Säulenreihen einst ein Flachdach trugen. Die 6 m hohe Pyramide Nr. II trägt die Restmauern eines Tempels. Zwei kleinere Altäre liegen auf der dritten Ebene. *Tgl. 8–18 Uhr | Paseo Kukulcán km 19*

ESSEN & TRINKEN

Im Trend liegen in Cancún Erlebnisrestaurants, die eine außergewöhnliche Dekoration bieten oder bei denen Liveauftritte von Künstlern und Animateuren zu den Mahlzeiten gehören. Die großen Hotels besitzen gewöhnlich mehrere Restaurants und Cafés, die auch Nichthotelgästen offen stehen.

ALTAMAR

Xylofonspieler unterhalten die Gäste, während Paella mit Meeresfrüchten und andere spanische Gerichte serviert werden. Köstliche Cocktails und Fruchtsäfte. *Calle Tulipanes 29 (Downtown) | Tel. 01998/884 10 83 | €€*

MARCO POLO HIGHLIGHTS

★ **Xcaret**
Ein Freizeitpark für die ganze Familie
(Seite 103)

★ **Tulum**
Einmalig: Pyramiden am Karibikstrand
(Seite 51)

★ **Isla Mujeres**
Entspanntes Urlaubsvergnügen ohne Trubel (Seite 43)

★ **Arrecife Palancar**
Das Riff ist Cozumels Paradies für Taucher (Seite 39)

CANCÚN

LA HABICHUELA
Seit Jahrzehnten bietet das vielfach ausgezeichnete Restaurant karibische und yucatekische Spezialitäten. Gespeist wird im kühlen Innenraum kleine Restaurant ist einer der wenigen Orte in Cancún, um landestypische Küche zu genießen – und entsprechend beliebt. *Av. Uxmal 35 (Downtown) | Tel. 01998/892 24 59 |* €

In den Freiluftrestaurants und -basaren Cancúns herrscht mexikanische Fiestaatmosphäre

oder im malerischen Gartenpatio. *Margaritas 25 (am Parque Las Palapas, Downtown) | Tel. 01998/884 31 58 | www.lahabichuela.com |* €€€

LOS HUARACHES
Ein Haus der Spitzenklasse, was die Küche betrifft: regionale Spezialitäten mit Fisch, Schwein und Huhn. *Mo geschl. | Alcatraces 31/Claveles (Downtown) | Tel. 01998/884 25 28 |* €

EL RINCÓN YUCATECO
Sopa de lima und andere traditionelle yucatekische Spezialitäten: Dieses

EL PESCADOR
Fischgerichte auf yucatekische und veracruzanische Art, scharf gewürzt. Hier empfiehlt es sich, zu mehreren einen ganzen, im Ofen gebackenen Fisch zu bestellen. *Calle Tulipanes 28 (Downtown) | Tel. 01998/884 26 73 |* €€

EINKAUFEN
Zunehmend beliebt sind in Cancún Shoppingmalls nach nordamerikanischem Vorbild, klimatisiert und mit einem Angebot, das vom T-Shirt für ein paar Dollar bis zum Donna-Ka-

> www.marcopolo.de/yucatan

ANCÚN & RIVIERA MAYA

ran-Kleid alles abdeckt. Auch Selbstbedienungsrestaurants und Cafés findet man in den Malls, oft in einem sogenannten Foodcourt. Am Paseo Kukulcán liegen unter anderem *Plaza Caracol (km 9), Forum by the Sea (km 9,5), Flamingo Plaza (km 11,5), Kukulcán Plaza (km 13).*

MERCADO DE ARTESANÍAS
PLAZA GARIBALDI
Großes Angebot an preiswerten Mitbringseln: Holzschnitzereien, Keramik, Textilien, Kupferarbeiten. *Av. Tulum/Av. Uxmal (Downtown)*

■ ÜBERNACHTEN

Rund 100 Hotels der höheren Preisklasse bieten auf dem 21 km langen Paseo Kukulcán auf der Landzunge Unterkunft. Preiswertere Häuser liegen in der Stadt.

IMPERIAL LAGUNA
Drei dreistöckige Gebäude an der Lagune Nichupté in einer ruhigen Seitenstraße des Paseo Kukulcán. Hübsche Zimmer (auch mit Balkon) mit Klimaanlage, Fußweg zum Strand, Pool. *61 Zi. | Calle Quetzal 11–13 (Paseo Kukulcán km 7, Hotelzone) | Tel. 01998/849 42 70 | Fax 849 42 69 | www.hotelimperialcancun.com | €€€*

MARGARITAS
Fünfstöckiges Haus mit Pool, 3 km zum Strand, alle Zimmer mit Klimaanlage und TV, zwei Doppelbetten und Balkon, auch Suiten mit Kochecke. *100 Zi. | Av. Yaxchilán 41 (Downtown) | Tel. 01998/881 78 70 | Fax 884 13 24 | www.margaritascancun.com | €*

MARÍA DE LOURDES
Komfortables Haus mit Pool und Restaurant. Zimmer mit Klimaanlage, Telefon und TV. *51 Zi. | Av. Yaxchilán 80 (Downtown) | Tel. 01998/884 47 44 | Fax 884 12 42 | www.hotelmariadelourdes.com | €*

RITZ CARLTON
Seriöser und ruhiger Luxus im Süden der Hotelinsel mit 400 m Strand.

> LOW BUDGET

> Die billigste (und nicht die schlechteste!) Unterkunft der Isla Mujeres – ab 9 Dollar pro Person! – bietet das *Hostal Pocna (17 Zi. und 17 Schlafsäle | Av. Matamoros 15 | Tel./Fax 01998/877 00 90 | www.pocna.com)*; auch Camping ist möglich.

> Sonntags findet von 9.30 bis 14 Uhr bei *Lu'um Kaa Nab (Calle 2 an der Ampel zur Stadteinfahrt 2 km westl. der MEX 307, Bus um 10 Uhr ab Plaza)* in Puerto Morelos ein *Jungle Market* statt. Mayafrauen bieten selbst hergestellte Säfte und Lebensmittel, Kunsthandwerk und Textilien – alles zu sehr günstigen Preisen.

> Die preiswerteste Fähre nach Cozumel ist die Autofähre *Transcaribe (tgl. vier Abfahrten | Fahrtdauer 75 Min. | | www.transcaribemex.com)* von Punta Venado 7 km südlich von Playa del Carmen. Die einfache Fahrt kostet pro Person nur 60 Pesos.

> Das Taxi vom Flughafen Cancún ins Hotel oder in die Stadt ist sehr teuer. Viel günstiger sind die *ADO-Busse* zur *Busstation (Av. Uxmal/Tulum)* in der Stadt für 35 und nach Playa del Carmen für 65 Pesos.

CANCÚN

Nachahmenswert ist das Hotelprogramm, bei dem Gäste sich mit Meeresbiologen um den Schutz von bedrohten Schildkröten kümmern – u. a. werden Eier in geschützte Camps gebracht. *365 Zi. | Retorno del Rey 36 (Hotelzone) | Tel. 01998/ 881 08 08 | Fax 881 08 15 | www.ritz carlton.com/resorts/cancun | €€€*

SUITES CANCÚN CENTER ▶▶
Travelleralternative zu den großen Strandhotels, gelegen in der Stadt, günstig und gut. Im mexikanischen Stil mit großen Zimmern und Suiten. *70 Zi. | Calle Alcatraces 32 | Tel. 01998/884 72 70 | Fax 887 56 55 | www.suitescancun.com.mx | €*

■ AM ABEND
Bars und Diskotheken gibt es in der Stadt an jeder Ecke, in der Hotelzone liegen sie in den Einkaufskomplexen (Plaza oder Centro Comercial) und großen Hotels. In den Diskos zahlt man mindestens 10 US-$ Eintritt. Mexikanische Kneipen mit Musik finden Sie vorwiegend in der Stadt.

THE CITY
Angesagter In-Place: Disko, Nachtclub, Lounge. *Paseo Kukulcán km 9,5 (Hotelzone) | www.thecitycancun.com*

TEATRO DE CANCÚN
„Voces y Danzas de México", traditionelle mexikanische Lieder und Tänze *(Mo–Fr 19 Uhr);* anschließend um 21 Uhr „Tradición del Caribe", karibisch buntes Tanzspektakel. Ohne Reservierung, je 29 US-$ inklusive Getränke. *El Embarcadero, Paseo Kukulcán km 4,5 (Hotelzone) | Tel. 01998/849 48 48*

■ FREIZEIT & SPORT
AQUAWORLD
Breites Angebot an Wassersport. *Paseo Kukulcán km 15,2 (Hotelzone, gegenüber dem Hotel Meliá Cancún) | Tel. 01998/848 83 27 | Fax 848 83 26 | www.aquaworld.com.mx*

COLÓN TOURS
Bootsausflüge mit dem Nachbau des Entdeckerschiffs „Pinta" zur Isla Mujeres, mit der „El Corsario" zum Vogelparadies Isla Contoy, mit der „Niña" durch Mangrovekanäle hinaus zum Korallenriff. *Punta Conoco 36 | Tel. 01998/884 53 33 | Fax 887 12 83 | www.kolumbustours.com*

■ STRÄNDE
Die Hotels am Paseo Kukulcán haben meist ihren Hausstrand vor der Tür. Die Häuser gegenüber an der

---

> ÖKOERLEBNISPARKS
Vergnügen all-inclusive

Die Disneylandparks standen Pate: In Yucatáns sogenannten Ökoerlebnisparks kann man einen ganzen Tag lang Spaß haben und zahlt nur einmal Eintritt – alle Attraktionen und Aktivitäten sind dann im Pauschalpreis inbegriffen. Man paddelt oder schnorchelt durch Dschungelflüsse, bestaunt tropische Schmetterlinge und schaut bei Reiterwettbewerben zu. Das größte Angebot gibt es in Xcaret, und Schnorchler bevorzugen Xel-Ha.

CANCÚN & RIVIERA MAYA

Lagune Nichupté verfügen in der Regel nicht über einen Strand. An fast allen Stränden finden Sie ein breites Wassersportangebot.

PLAYA DELFINES
Für Ruhe Suchende, die dem Trubel entgehen wollen. Der Strand beim Hilton-Hotel ist breit und sauber. *Paseo Kukulcán km 17*

PLAYA LAS PERLAS
Wer in Downtown logiert, fährt mit dem Bus zur Hotelzone und erreicht als Erstes diesen Strand. Hier trifft man viele Bewohner der nahen Jugendherberge. *Paseo Kukulcán km 2,5*

PLAYA TORTUGAS UND PLAYA CARACOL
Die beiden Strände liegen ebenfalls an der Nordseite der Hotelzone vor dem Centro de Convenciones. Breiter Strand mit feinem Sand, zahlreiche Palmen. Diese Strandabschnitte

Auf einem Nachbau der Kolumbus-Karavelle Pinta zur Isla Mujeres schippern

PLAYA LINDA
An Las Perlas anschließend und von dort zu Fuß zu erreichen. Der Name „schöner Strand" ist zutreffend, neu angepflanzte Palmen spenden Schatten. *Paseo Kukulcán km 3,6*

sind auch bei Einheimischen beliebt. *Paseo Kukulcán km 6,3 und km 9*

■ AUSKUNFT
Av. Náder/Cobá | Tel. 01998/ 884 65 31 | Fax 887 66 48; Av. Tulum 26 | Tel. 01998/884 80 73; Paseo Kukulcán km 9, Centro Cancún | Tel. 01998/881 27 45 | Fax 881 27 74; www.cancun.info

COZUMEL

■ ZIELE IN DER UMGEBUNG ■

ISLA CONTOY [119 F1]

Die Insel (der Name bedeutet Pelikan), ein Naturschutzgebiet von etwa 8,5 x 0,5 km Ausdehnung 35 km nördlich von Cancún, ist die Heimat von rund 100 Tierarten, darunter Pelikane, Möwen, Kormorane, Fregattvögel, Schlangen, Eidechsen und Meeresschildkröten. Die weißen Sandstrände werden von roten und schwarzen Mangroven eingerahmt und von Palmen beschattet. Ein kleines Museum sowie ein Beobachtungsturm erlauben Einblicke in die Natur. Ausflüge werden von Cancún und der Isla Mujeres angeboten (nur Tagesbesucher). *www.islacontoy.org*

ISLA HOLBOX ▶▶ [119 E1] *(Insider Tipp)*

Auf der Isla Holbox entgehen Sie dem Trubel Cancúns, denn in Massen treten hier nur Wasservögel auf. Die Strände der ca. 40 x 2 km messenden Insel 160 km nordwestlich von Cancún sind leer (und sicher). Kinder finden hier noch die schönen Muscheln, die in Cancún immer schon die anderen aufgesammelt haben. Die 2000 Bewohner leben überwiegend vom Fischfang, andere eröffneten Gästehäuser und Restaurants in Erwartung größerer Besucherscharen, die allerdings bisher ausgeblieben sind. Man verbringt den Tag am Strand, mit Angeln, Schnorcheln oder Tauchen, und auch die Vogelbeobachtung lohnt sich.

Komfortable Unterkunft bieten 1 km westlich des kleinen Fischerorts Holbox die *Villas Delfines (Tel. 01984/875 21 96 | Fax 875 21 97 | www.villasdelfines.com | €€€)* mit zehn Bungalows am 80 m breiten Strand. Die Einrichtung der 50 m² großen Zimmer ist aus natürlichen Materialien. Das Hotel bemüht sich um Umweltverträglichkeit, nutzt Sonnenenergie, recycelt Abfälle und sammelt Regenwasser. Organisiert werden unterschiedliche Touren, auch Wassersport und Reiten. Preiswerter ist das *Faro Viejo (14 Zi. | Tel. 01984/875 22 17 | Fax 875 21 86 | www.faroviejoholbox.com.mx | €€)* in der Av. Benito Juárez am Strand des Hauptorts, nur zwei Blocks von der Plaza Central. Die Balkonzimmer haben Meerblick und sind auch mit Klimaanlage zu haben, außerdem gibt es Suiten für Familien. Zum Hotel gehören ein Fischrestaurant und eine Bar, und es werden Boots- und Angelausflüge angeboten. *(Insider Tipp)*

Wer nicht mit dem Kleinflugzeug ab Cancún (100 US-$) oder Playa del Carmen anreist, nimmt die Fähre. Dazu fährt man auf der MEX 180 Richtung Mérida und zweigt in El Ideal (km 80) auf eine schmale Straße nach Norden ab. Über Kantunilkin gelangt man zum Fischerort Chiquilá, wo täglich mehrere Motorboote *(lanchas)* und eine Autofähre durch die Laguna Yalahua nach Holbox verkehren *(Überfahrt 6-mal tgl. | Fahrtdauer 30 Minuten).* Auf der Insel mietet man im Ankunftshafen Holbox an der Westseite der lang gestreckten Insel einen Motorroller, einen Golfkarren oder ein Moped.

COZUMEL

[119 F4] Trotz des internationalen Flughafens ist Cozumel weniger mondän als Cancún und bietet mehrere ruhige, menschenleere Strandabschnitte abseits der Hotel-

> *www.marcopolo.de/yucatan*

CANCÚN & RIVIERA MAYA

buchten. Die Insel (80 000 Ew.) ist als bedeutendstes ▶▶ Tauchzentrum des Landes bekannt: Die Hotels haben sich auf sportliche Besucher eingerichtet, und Läden für Taucher findet man an jeder Ecke. Statt Diskotheken werden Tauchexkursionen favorisiert. Die Besucher kommen seit Jahrzehnten wegen der berühmten Tauchgründe auf die Insel, die Jacques Cousteau 1961 erstmals filmte. Das Palancar-Riff wurde 1972 zum Naturschutzgebiet erklärt. Besondere Attraktion für Taucher ist ein Flugzeugwrack, das am südlichen Ende von San Miguel (auf der Höhe des Hotels La Ceiba) etwa 100 m vom Strand entfernt für Filmaufnahmen versenkt wurde. Anfänger tauchen in der Lagune Chankanaab und vor der Bucht von San Francisco, dessen Riff sich auch für Unterwasserfotografie eignet.

Die lebhafte Insel, 20 km vor der Ostküste Yucatáns und etwa 50 x 15 km groß, sieht während des Winters auch viele Besucher von Kreuzfahrtschiffen, die die kleine Inselhauptstadt San Miguel erkunden. Mit der Fähre von Playa del Carmen *(6 bis 22 Uhr stündlich | Fahrtdauer 30 bis 60 Minuten | 200 Pesos hin und zurück)* landet man ebenfalls dort, an der nördlichen Westküste; der Flughafen liegt nördlich der Stadt. Cozumel wird viermal täglich von Mayair *(www.mayair.com.mx)* ab Cancún angeflogen (75 Dollar pro Strecke).

■ SEHENSWERTES ■

ARRECIFE PALANCAR (PALANCAR-RIFF) ★

5 km lang zieht sich das Korallenriff an der Südwestküste von Cozumel entlang, geprägt von Höhlen und Steilwänden. Die faszinierende Un-

Taxis vor dem Hard Rock Café in Cozumels Hauptort San Miguel

COZUMEL

terwasserwelt ist Heimat von Schwärmen seltener Fische und riesigen Meeresschildkröten. Das Palancar-Riff, ein Dorado für erfahrene Taucher, beginnt ab etwa 8 m Tiefe. Es wird unterteilt in einzelne Abschnitte: Bis weit über 30 m fällt das Maracaibo-Riff ab, das bekannt ist für seine spektakulären Korallenformationen, aber auch gefährlichen Unterwasserströmungen ausgesetzt ist.

EL CEDRAL
In dieser kleinen Ortschaft im Inselinneren steht die älteste Mayaruine Cozumels aus dem Jahr 800. Hier soll am 2. Mai 1518 Juan de Grijalva die erste katholische Messe auf mexikanischem Boden gelesen haben. Jedes Jahr findet um dieses Datum eine große Feria mit Umzügen und Volksfest statt.

FARO CELARAIN
Der weiße Leuchtturm von 1901 an der Südspitze der Insel erlaubt einen Rundumblick über den Südteil Cozumels und das Karibische Meer. Die an seinem Fuß liegenden ehemaligen

Der Nationalpark Laguna Chankanaab: ideales Revier für Tauchanfänger

Wohnräume des Wärters wurden in ein kleines *Museum zur Seefahrt* umgewandelt. *Tgl. 9–17 Uhr | Parque Punta Sur*

MUSEO DE LA ISLA DE COZUMEL
Das Museum zeigt Ausgrabungsfunde der präkolumbischen Epoche, die zum Teil von Tauchern aus dem Meer geborgen wurden. Die Ankunft der spanischen Eroberer Hernán Cortés

> www.marcopolo.de/yucatan

CANCÚN & RIVIERA MAYA

und Juan Grijalva im 16. Jh. markierte einen Wendepunkt auch für Cozumel. Die Insel wurde zum Stützpunkt für Piraten und Freibeuter – einige Exponate des Museums zeigen dies anschaulich. Eine auch für Kinder interessante Ausstellung befasst sich mit Cozumels Korallenriffen und dessen seltenen Meeresbewohnern. *Tgl. 9–17 Uhr | Av. Rafael Melgar/6a Calle*

PARQUE NACIONAL LAGUNA CHANKANAAB

Der Naturpark an Cozumels Westküste verspricht einen erholsamen Tag am Meer mit der dazugehörigen Infrastruktur. Attraktion für Taucher und Schnorchler ist ein Korallenriff, das in 7 bis 30 m Tiefe direkt vor dem Strand liegt und sogar – zur Freude der gläubigen Mexikaner – eine versenkte Figur der Jungfrau von Guadalupe zu bieten hat. Dazu eine Parklandschaft mit botanischem Garten sowie zahlreichen Nachbildungen der bedeutendsten präkolumbischen Stätten, Bauwerke, Skulpturen und Stelen des Landes. Die Lagune, unterirdisch mit dem Meer verbunden, ist Heimat für zahlreiche Fische und Vögel. Ein kleines *Meeresmuseum* bietet Einblick in die Unterwasserwelt. Restaurants verkaufen für wenige Pesos Tacos und *bocadillos*. Allerdings: Das ideale Schnorchelrevier für Anfänger ist immer gut besucht. *Tgl. 8–17 Uhr | Costera Sur km 11 | 16 US-$*

SAN GERVASIO

Einst pilgerten die Maya aus Belize, Guatemala und dem Süden Mexikos nach Cozumel, um dort der Mond- und Fruchtbarkeitsgöttin Ix-Chel, „Frau Regenbogen", zu huldigen. Noch zur Zeit der spanischen Eroberung war die Insel Cozumel Sitz eines Orakels der Göttin. Knapp drei Dutzend Tempel, die in Verbindung standen mit Ix-Chel, konnten auf Cozumel identifiziert werden. Zentrum des Fruchtbarkeitskults war die Stätte San Gervasio. Zwischen 1250 und 1500 errichtet, war dieser in niedrigem Buschwerk und Dschungel versteckte Ort schon 1000 Jahre zuvor besiedelt. San Gervasio, besterhaltene der archäologischen Stätten Cozumels, umfasst sieben verstreute Bauwerke sowie Reste eines Mayabogens. *Tgl. 8–16 Uhr | 10 km östlich von San Miguel*

■ ESSEN & TRINKEN

EL ABUELO GERARDO

Authentische mexikanische Küche, auf Cozumel selten, Spezialität Fischgerichte. Besonders beliebt sind die Plätze im Patio. *San Miguel | 10a Av. 21 (gegenüber der San-Miguel-Kirche) | Tel. 01987/872 10 12 | €€*

LA CHOZA

Regionale Inselküche mit täglich wechselndem Menü an der Nordostecke der Plaza. Abends gelegentlich Unterhaltungsprogramm. *San Miguel | Adolfo Salas 200/Av. 10 Norte | Tel. 01987/872 09 58 | www.lachozarestaurant.com | €€*

LAS PALMERAS

Bei der Plaza und in der Nähe des Fähranlegers, beliebter Treffpunkt bereits zum Frühstück. Auf der Karte: Surf 'n' Turf (Steak und Fisch), Chilis und köstliche Salate. *San Mi-*

COZUMEL

guel | Av. Rafael Melgar/Juárez | Tel. 01987/872 05 32 | €€

RESTAURANTE DEL MUSEO
Nicht nur nach dem Museumsbesuch empfehlenswert ist dieses Caférestaurant. Es liegt im ersten Stock und besitzt eine große, dem Meer zugewandte Terrasse mit Blick auf das Geschehen entlang der lebhaften Hauptstraße. Nur von 7 bis 14 Uhr geöffnet. *San Miguel | Av. Rafael Melgar/4a Calle | Tel. 01987/872 08 38 | €*

■ EINKAUFEN

Cozumel ist Freihandelszone, Luxus- und Markenartikel gibt es hier etwas günstiger. Es wird auch Schmuck aus den gefährdeten schwarzen Korallen angeboten, von dessen Kauf Sie unbedingt absehen sollten.

LOS CINCO SOLES
Das schönste Geschäft der Insel ist untergebracht in einem haciendaähnlichen Bauwerk mit ausgesuchten Beispielen mexikanischen Kunstschaffens. Ausgefallen und geschmackvoll, authentisch – und nicht billig. Ermattet vom Angebot, das ausreichen würde, mehrere Häuser auszustaffieren, gönnt man sich im angeschlossenen Restaurant einen Fruchtsaft und die Spezialität des Tages. *San Miguel | Av. Rafael Melgar 27/Calle 8 Norte*

■ ÜBERNACHTEN

BARRACUDA ▶▶
Legeres Strandhotel mit überwiegend Tauchern als Gästen, großes Angebot an Wassersport, eigener Pier. *52 Zi. | San Miguel | Av. Rafael Melgar Sur 628 | Tel. 01987/872 00 02 | Fax 872 08 84 | www.cozumel-hotels.net/barracuda | €€*

CASA DEL MAR
Komfortables Taucher- und Wassersporthotel mit Beachclub, Pool und Tennis südlich von San Miguel nahe am Meer. Auch acht Hütten mit je zwei Schlafräumen. *98 Zi. | Costera Sur km 4 | Tel. 01987/872 19 00 | Fax 872 18 55 | www.casadelmarcozumel.com | €€*

PEPITA
Einfache, doch recht komfortable Unterkunft mit Coffeeshop. Sehr freundliches und hilfsbereites Personal. Auch Zimmer mit Klimaanlage. *27 Zi. | San Miguel | 15a Av. Sur 120 | Tel./Fax 01987/872 00 98 | www.hotelpepitacozumel.com | €*

VILLAS LAS ANCLAS
Zweistöckige Häuschen mit je zwei Zimmern und Kochnische, sehr gepflegt; kleiner, schöner Garten. Strandnah und nur wenige Minuten von der Zentralplaza. Ideal für Selbstversorger und budgetbewusste Familien. *7 Suiten | San Miguel | 5a Av. 325 (zwischen 3a und 5a Calle) | Tel. 01987/872 54 76 | Fax 872 61 03 | www.lasanclas.com | €€€*

■ AM ABEND

Cozumel ist – anders als das gegenüber gelegene Playa del Carmen – kein Paradies für Nachtschwärmer. Es gibt kaum Diskotheken und Clubs.

HARD ROCK CAFÉ
Treffpunkt junger Leute mit Bar und Restaurant, lebhafter Betrieb. *San Miguel | Av. Rafael Melgar 2 a*

> www.marcopolo.de/yucatan

CANCÚN & RIVIERA MAYA

STRÄNDE

CHEN RÍO
Der kleine, fast verschwiegene Strand an der rauen Ostküste wird durch ein vorgelagertes Korallenriff geschützt. Nur mit Auto oder Roller zu erreichen. *2 km südlich der Carretera Transversal*

PLAYA PALANCAR
Ein ruhiger und weniger belebter Strand der südlichen Westküste. Hier legen die Boote mit Tauchern zum vorgelagerten Riff ab. *Costera Sur km 20*

PLAYA SAN FRANCISCO
Der populäre Strand mit breitem Wassersportangebot an der ruhigeren Westküste zieht Touristen und Einheimische gleichermaßen an. *Costera Sur km 14*

AUSKUNFT

San Miguel | Edificio Plaza del Sol, Av. Juárez | Tel./Fax 01987/872 75 85 | www.islacozumel.com.mx

ISLA MUJERES

[119 F2] ★ **Für den großen Tourismus zu klein: 10 km vor der Küste Cancúns liegt die ca. 8 x 1–1,5 km kleine Insel, nur ein Katzensprung mit der Fähre und doch in eine andere Welt.** Noch immer säumen Cafés und kleine Boutiquen die gepflasterten Straßen. Mit offenem Golfwagen oder Motorroller erforschen Besucher das lang gestreckte Inselchen. Entlang der Playa Norte zieht sich ein breiter Traumstrand, doch das Wasser erreicht selbst 100 m vom Ufer entfernt kaum mehr als Hüfthöhe – das Richtige für Familien mit Kleinkindern. Jungen Urlaubern

Die Playa San Francisco liegt geschützt an Cozumels Westküste

ISLA MUJERES

verspricht die „Insel der Frauen" (17 000 Ew.) einen günstigen und typisch mexikanischen Karibikaufenthalt. Gewohnt wird in kleinen Pensionen oder komfortablen Gästehäusern am Strand; auch einige größere Hotels sind entstanden.

Playa Langosta. Die 30- bis 45-minütige Überfahrt kostet hin und zurück ca. 8–24 Euro, mit Ultramar nur um 6 Euro.

Garrafón Reef Park: beliebtes Ziel für Tagesausflügler aus Cancún

Woher stammt der Name für die Insel? Behauptet wird, dass hier Piraten ab dem 16. Jh. verschleppte Frauen versteckten. Nach einer anderen Version sollen die Spanier bei ihrer Ankunft auf der Insel Tempel vorgefunden haben, die weiblichen Gottheiten gewidmet waren.

Fähren zur Isla Mujeres verkehren ab Puerto Juárez (Ultramar alle 30 Minuten ab Gran Puerto Cancún), Playa Caracol, Playa Tortugas und

SEHENSWERTES

GARRAFÓN REEF PARK

Freizeitpark am Südende der Insel mit Korallenschnorchelrevier, Restaurant und Schildkrötenstation. Es kommen zahlreiche Boote mit Tagesbesuchern aus Cancún, nur frühmorgens und kurz vor Sonnenuntergang ist es etwas ruhiger. *Tgl. 10–17 Uhr | 45 US-$ | www.garrafon.com*

ESSEN & TRINKEN

CAFÉ CITO ▶▶

Freundlich leuchtet das bunte Eckhaus. Zum Frühstück gibt es leckere

> www.marcopolo.de/yucatan

ANCÚN & RIVIERA MAYA

Waffeln und Naturkost, mittags ein täglich wechselndes mexikanisches Lunch; auch vegetarische Spezialitäten. Ein Treffpunkt der budgetbewussten Öko- und Backpackerszene. *Av. Matamoros 42/Juárez | Tel. 01998/877 14 70 | €*

CASA O'S
Mit Blick auf die Skyline von Cancún genießt man die mexikanischen (Fisch-)Spezialitäten und den Sonnenuntergang. *Carretera a El Garrafón Sur | Tel. 01998/888 01 70 | www.casaos.com | €€€*

MARIA'S KAN KIN
Einige Gäste kommen mit dem Boot, um die mexikanisch-französische Küche mit karibischem Akzent zu probieren. Der Ruf dieses legendären Hauses ist so gut, dass man früh erscheinen sollte. Auch einige Zimmer. *El Garrafón, Costera Sur km 4,5 | Tel. 01998/877 00 15 | www.mariaskankin.com | €€€*

MESÓN DEL BUCANERO
Das Lokal finden Sie unter schattigen Arkaden an der Hauptstraße; es ist schon zum Frühstück geöffnet. Serviert wird vorwiegend mexikanische Kost, und es gibt auch ein paar Zimmer. *Av. Hidalgo 11 | Tel./Fax 01998/877 12 22 | www.bucaneros.com | €€*

■ EINKAUFEN
RACHAT & ROMERO
Klimatisiertes Juweliergeschäft mit sehr preiswertem Gold- und Silberschmuck (zollfrei). Man orientiert sich vorwiegend an westlichen Designvorstellungen, es gibt aber auch präkolumbische Motive. *Av. Morelos/Juárez*

■ ÜBERNACHTEN
BELMAR
Insider Tipp
Komfortable Zimmer im Herzen der „Hauptstadt" über dem Patio- und Straßenrestaurant Rolandi's und mitten im Leben. *11 Zi. | Av. Hidalgo 110 (zwischen Madero und Abasolo) | Tel. 01998/877 04 30 | Fax 877 04 29 | www.rolandi.com | €€*

ISLEÑO
Einige Zimmer des freundlichen Gästehauses haben (gegen geringen Aufpreis) Klimaanlage. *19 Zi. | Av. Francisco Madero 8 | Tel. 01998/877 03 02 | Fax 877 01 14 | €*

NA BALAM ▶▶
Zweistöckige Bungalows mit Hängematterterrassen am Nordstrand; der kleine Pool sieht romantisch aus, ist aber nicht immer hygienisch einwandfrei. Ein Traum ist dagegen der vor der Haustür liegende Strand: weiß und feinsandig. Im offenen Restaurant und in der Bar gibt es kostenlos Karibikfeeling. *31 Zi. | Calle Zazil Há 118, Playa Norte | Tel. 01998/877 02 79 | Fax 877 04 46 | www.nabalam.com | €€€*

POSADA DEL MAR
Wer abends gern durch die Inselhauptstadt bummelt und tagsüber mobil sein will, schätzt diese Adresse. Gepflegtes Anwesen mit großem Garten und komfortablen Zimmern, beliebte Bar am Pool. *61 Zi. | Av. Rueda Medina 15 a | Tel. 01998/877 00 44 | Fax 877 02 66 | www.posadadelmar.com | €€*

ISLA MUJERES

ROCA MAR
An der Ostseite der Insel am Meer gelegenes Mittelklassehaus, etwas windig und mit ständigem Meeresrauschen. *30 Zi. | Av. Nicolás Bravo/ Guerrero (Zona Marítima) | Tel./Fax 01998/877 01 01 | www.isla-mujeres. net/hotelrocamar | €€*

SECRETO
Der weiße, dreistöckige Kubus besitzt eine Lounge an der Meerseite und versteckt einen schönen Swimmingpool. Die Zimmer sind zum Meer hin verglast. Hightech trifft auf Eleganz und Steinfußböden sowie hölzerne Himmelbetten. Mit eigenem Boot zum Angeln und Tauchen und (fast) Privatstrand. *9 Zi. | Punta Norte | Tel. 01998/877 10 39 | Fax 877 10 48 | www.hotelsecreto.com | €€€*

VILLA KIIN ▶▶
Ein unkonventionelles Gästehaus für junge Leute mit knappem Budget: Gewohnt wird in kleinen Bungalows am Lagunenstrand, abends trifft man sich in der gemeinsamen Küche. Bei Bedarf ist der Besitzer seinen Gästen bei der weiteren Reiseplanung behilflich. *22 Zi. | Calle Zazil-Há 129 (Punta Norte, Playa Secreta) | Tel./ Fax 01998/877 00 45 | www.villakiin. com | €€*

AM ABEND

Abendlicher Treffpunkt der Bevölkerung und Gäste ist die *Plaza Central* mit ihren Restaurants, von der aus man einen Spaziergang auf der Meerpromenade *(Av. Rafael Melgar)* unternimmt.

CASA DE LA CULTURA
Musik, Tänze, Ausstellungen, Folklore – das Programm des rührigen Kulturhauses ist unerschöpflich. Man geht einfach hin und schaut, was gerade läuft, oder erkundigt sich in der Touristeninformation. *Av. Guerrero/Abasolo*

Mariachi-Kapellen spielen in und vor den Lokalen der 5a Avenida in Playa del Carmen auf

ANCÚN & RIVIERA MAYA

KOKONUTS
Beliebte Diskobar, gelegentlich mit Livemusik. *Av. Hidalgo Sur (Plaza Isla Mujeres)*

■ SPORT & STRÄNDE
PLAYA LANCHEROS UND PLAYA INDIOS
Von Palmen beschattet, während der Woche ruhig, da von Touristen weniger besucht, am Wochenende beliebt bei Einheimischen. Einfache Restaurants und Wassersportangebote. *An der Westküste zwischen Hacienda Mundaca und Garrafón*

PLAYA NORTE
Der schönste Strand der Insel, vom Ort zu Fuß zu erreichen. Breiter Sandstrand, flaches und ruhiges Wasser, viel Wassersport und mehrere Strandrestaurants. Man geht die Av. Guerrero oder Hidalgo bis zum nördlichen Ende.

■ AUSKUNFT
Av. Rueda Medina 130 | Tel. 01998/ 877 07 67 | Fax 877 03 07 | www.isla-mujeres.net

PLAYA DEL CARMEN

KARTE IN DER HINTEREN UMSCHLAGKLAPPE

 [119 E–F3] Ein Küstenstreifen mit zahlreichen Buchten zieht sich von Cancún 130 km nach Süden. Das vor drei Jahrzehnten noch fast menschenleere Gebiet nannten die Tourismusfachleute zunächst Corredor Turístico und begannen mit der Erschließung; inzwischen wird die Küste unter dem Namen Riviera Maya vermarktet. Rund 300 Hotels mit insgesamt 24 000 Zimmern wurden bislang errichtet, und ein Ende der Bautätigkeit ist noch nicht abzusehen. Zum Glück besinnt man sich heute auf Umweltverträglichkeit – entlang der paradiesisch schönen Küste darf kein Hotel höher als drei Stockwerke gebaut werden. Die Besucher sind begeistert: Derzeit kommen jährlich 1 Mio. Gäste, darunter viele Pauschaltouristen aus Europa, vorwiegend Deutsche, die die All-inclusive-Resorts inmitten der karibischen Umgebung schätzen.

Die heimliche Hauptstadt der Riviera Maya ist Playa del Carmen, auf halbem Weg zwischen Tulum und Cancún gelegen. Der einst beschauliche Fischerort und Geheimtipp aussteigewilliger Europäer ist heute ein Trendziel und mit inzwischen 150 000 Ew. eine der am schnellsten wachsenden Städte ganz Mexikos. Südlich der Stadt erstreckt sich die Fünfsternehotelzone Playacar, nach Norden hin liegen kleinere Unterkünfte für Individualtouristen.

Das klassische Programm für Playa del Carmen: tagsüber relaxen am Traumstrand, nach Sonnenuntergang flanieren in der parallel zum Strand verlaufenden Einkaufsstraße. Die Quinta Avenida, von allen nur noch „Fifth Avenue" genannt, bietet ungezählte Souvenirläden mit Hängematten und herrlicher indonesischer Mode, Kleinkunst aus Oaxaca und nachgemachte Mayagötter aus Holz und Onyx, dazu Cocktail- und Saftbars und Restaurants, aus denen es verführerisch duftet. *Mariachi*-Kapellen spielen in den Restaurants und auf offener Straße, und im Blue Par-

PLAYA DEL CARMEN

rot findet ab Mitternacht eine Reggaeparty statt. Unter Palmen und Strohdächern sitzen die Gäste im weißen Sand, nippen am eisgekühlten Tequila oder tanzen barfuß am Strand.

ESSEN & TRINKEN

LA CASA DEL AGUA
Hier kocht der Inhaber Hans Spath: wunderschön im Ethnostil gestaltetes offenes Restaurant und Café im ersten Stock, nach Sonnenuntergang romantisch illuminiert. Mit Blick auf die Karibik und die „Fifth Avenue". Im Erdgeschoss hat sich ein anspruchsvoller Kunsthandwerksladen einquartiert. *5a Av./2a Calle Norte | Tel. 01984/803 02 32 | www.lacasadelagua.com | €€*

EL JAGUAR
Von den Antipasti bis zum Tiramisu: Das El Jaguar ist das beste italienische Restaurant der Region. Auch optisch stimmt hier alles, vom gestärkten Leinen bis zum Kerzenlicht. *Im Hotel Jungla Caribe | 5a Av./8a Calle | Tel. 01984/873 06 50 | €€€*

LA PARRILLA
Mexikanische Küche, Meeresfrüchte und Steaks vom Grill. Meist mit Livemusik. *5a Av./8a Calle | Tel. 01984/873 06 87 | www.laparrilla.com.mx | €€€*

TAQUERÍA EL FOGÓN II
Hier dreht sich alles um Tacos, die es in diversen Variationen gibt, z. B. mit Meeresfrüchten gefüllt. *Av. 30 (zwischen Calle 6 und 8) | Tel. 01984/806 78 24 | €*

LA VAGABUNDA
Rustikal mit Korbstühlen und Kiesboden. Frühstück und Lunch auf mexikanische Art. Ab 17 Uhr geschlossen! *5a Av. (zwischen Calle 24 und 26) | Tel. 01984/873 37 53 | €*

EINKAUFEN

Die gesamte 5a Avenida gleicht einem einzigen großen Basar. Vom

Nach dem Spiel ist vor dem Bad: Beachvolleyball am Strand von Playa del Carmen

CANCÚN & RIVIERA MAYA

Ikatstoff aus Bali bis zur handbestickten guatemaltekischen Weste reicht das Angebot, auch bunte Strandkleider und filigraner Perlenschmuck werden günstig verkauft. Skurril sind die Artikel zum mexikanischen Totentag Anfang November: Knochenmänner aus Pappmaché und kleine Puppenstuben, in denen lachende Skelette wohnen. Kinder freuen sich über die aus Holz und Pappmaché gefertigten und bunt bemalten mexikanischen Früchte und Gemüse.

ÜBERNACHTEN

AVENTURA MEXICANA
Zwei Blocks zum Strand und nahe der 5a Avenida: Die Zimmer umgeben einen tropischen Garten mit Pool und Jacuzzis. Ein ruhiges Haus, denn Gäste müssen 18 Jahre alt sein. Mit Gourmetrestaurant Jacobi's. *30 Zi. | Av. 10/Calle 22 | Tel./Fax 01984/ 873 18 76 | www.aventuramexicana. com | €€*

CABAÑAS LA RUINA
Hütten (mit und ohne Bad) am Strand, auch Camping ist möglich, dazu eine große *cabaña comunal* mit Hängematten, Bar und Restaurant. Sogar eine Mayaruine liegt auf dem Gelände. *27 Zi. | 2a Calle Norte | Tel./Fax 01984/873 04 05 | €*

GRAND XCARET
Neben dem Unterhaltungspark gelegene, luxuriöse All-inclusive-Anlage mit Eintritt zum Park (ein Tag kostenlos). *796 Zi. | Carretera 307 km 282 | Tel. 01984/8715400 | Fax 8715406 | www.grandxcaret.com | €€€*

JUNGLA CARIBE
Insider Tipp

Dramatisch, individuell, teilweise luxuriös: Der Münchner Modemacher und Bühnenausstatter Rolf Albrecht gestaltete dieses Ethnohotel an der

Auf Playas Einkaufsmeile 5a Avenida: Kunsthandwerk und Kitsch

Fifth Avenue. Der stille, grün umwucherte Patio mit kleinem Pool wird vom Restaurant und den Zimmern umgeben – die richtige Wahl für Designliebhaber. Mit ihrer außergewöhnlichen Farbgebung und den erhöhten Betten erinnern die Zimmer an kleine Kunstwerke. *26 Zi. | 5a Av./ 8a Calle | Tel./Fax 01984/873 06 50 | www.jungla-caribe.com | €€*

POSADA LILY
Nur zwei Blocks vom Strand entfernt, alle Zimmer mit Ventilator, je-

PLAYA DEL CARMEN

Wer die steilen Stufen der Pyramiden von Cobá erklimmt, wird mit einem einzigartigen Blick über den Regenwald belohnt

doch einfache Ausstattung. Sehr zu empfehlen. *25 Zi. | Av. Juárez (zwischen Av. 5 und 10) | Tel./Fax 01984/ 873 01 16 |* €

PRISMA CARIBE

Kleines Haus im mexikanischen Stil mit komfortablen Zimmern (TV, Aircondition, Balkon bzw. Terrasse, Bad). Pool, *cenote* und Restaurant im Garten. *14 Zi. | Calle 28 Norte (zwischen 5a und 10a Av.) | Tel. 01984/ 873 27 60 | Fax 873 27 63 | www. hotel-prisma-caribe.com |* €€

AM ABEND

ALUX ▸▸

Restaurant (€€), Bar und Nachtclub im Stil einer yucatekischen Höhle, untergebracht im Keller; oft Livemusik. *Am westlichen Ende der Av. Juárez | Tel. 01984/803 07 13*

DRAGON BAR

Nach Sonnenuntergang füllen sich die Sitze um die Theke, die Bar am Strand und die Tische unter den Palmendächern im Sand. Gelegentlich spielen Livebands aus Kuba oder Trinidad. *Beim Hotel Blue Parrot | Calle 12*

AUSKUNFT

Av. Juárez/Av. 15 | Tel. 01984/ 873 28 04 | www.playadelcarmen. com

ZIELE IN DER UMGEBUNG

COBÁ [119 D3–4]

Das weitläufige Zentrum dieser einst 90 km² umfassenden präkolumbischen Mayasiedlung 100 km südwestlich via Tulum liegt an fünf Dolinenseen zum großen Teil verborgen unter Bäumen und Büschen. Eine kleine moderne Ortschaft hat sich am größten See etabliert, mit Gästehäusern und Restaurants. Unterkunft finden Sie in der romantischen *Villa Arqueológica (40 Zi. | Carretera Tulum–Xcan Nuevo km 42 | Tel. 01984/ 206 70 01 | Fax 206 70 02 | www.villasarqueologicas.com.mx |* €€*)* am Seeufer.

> www.marcopolo.de/yucatan

ANCÚN & RIVIERA MAYA

Zu Fuß geht man von dort zur *archäologischen Stätte (tgl. 8–17 Uhr)*. Etwa 600 n. Chr. gegründet, umfasste die Siedlung bald mehr als 6000 Gebäude an ca. 50 Straßen *(sacbé)*. Diese *sacbeob* (Plural) ziehen sich schnurgerade durch den Dschungel und sind zum größten Teil noch nicht freigelegt. Eine gerade *sacbé* führt über 100 km von Cobá nach Yaxuná (20 km südlich von Chichén Itzá). Einen guten Eindruck von diesem Wegesystem erhält man bereits bei der Anfahrt von Tulum, denn die Straße zieht sich schnurgerade auf dem Bett einer ehemaligen *sacbé* durch den Busch. Cobá war eine Handelsstadt und vermutlich ein wichtiger Knotenpunkt für den Handel zwischen den karibischen Häfen der Maya und den Stadtstaaten im Landesinneren.

Während der Regenzeit liegt die archäologische Stätte im Grünen, morgens und in der Abenddämmerung erwacht die Tierwelt: Frösche quaken, und Glühwürmchen schwirren am See. Wanderungen lassen sich auf Wegen zwischen den Bäumen unternehmen. Ziehen Sie wegen der Zecken und Moskitos die Strümpfe über die Hose, und schlagen Sie den Kragen hoch!

Nach Betreten der Stätte führt rechts ein Weg zur Nordseite der Laguna Macanxoc und zu *La Iglesia*, einer Tempelpyramide an der Ostseite der Hauptplaza, an deren Fuß mehrere Stelen stehen. Das Bauwerk mit seinen neun Ebenen ist 24 m hoch. Auf einem Spaziergang durch den Dschungel erreicht man nach ca. 1 km die ✱ Pyramide *Nohoch Mul* („großer Hügel"), mit 42 m das höchste präkolumbische Bauwerk Yucatáns. Einer der beiden Tempel auf der Spitze besitzt über seinem Eingang einen Türsturz, den ein Dios Descendente, ein herabstürzender Gott, ziert. Um den Dolinensee Macanxoc liegen weitere vier Gebäudegruppen mit zahlreichen Plazas, Pyramiden, Tempeln und Stelen.

PUERTO AVENTURAS [119 E4]

40 km südlich von Playa del Carmen ist in einer schönen Bucht ein neuer Ferienort entstanden, der auf eine zahlungskräftige Klientel zielt. Edel designte Fünfsternehotels und -apartments wurden errichtet, Ethnorestaurants säumen die Uferstraße, Grünanlagen und ein Golfplatz wurden geschaffen. Ein moderner Yachthafen findet bereits großen Zuspruch von Seglern. Im *Museo Pablo Bush (Mo bis Sa 10–14 und 15–18 Uhr)* am Hafen stellt der mexikanische Taucherverband Cedam einen Teil seiner Fundstücke aus Wracks und *cenotes* aus. Ein hübsches, 5 km südlich am Strand gelegenes Luxushotel ist das *Esencia (29 Zi. | Xpu-Há 2 | Carretera 307 km 264 | Tel. 01984/873 48 30 | Fax 873 48 36 | www.hotelesencia.com | €€€)* mit Spa, Gärten, Terrassen und Plungepools.

TULUM ★ [119 E4]

In Tulum halten die Steine Wache über dem Meer, blicken die Götter der Maya über die Wogen der Karibik und in die aufgehende Sonne. „Zama" („Morgenröte") nannten die frühen Erbauer ihre Stätte, die von 1200 bis zum Einfall der Spanier ein Ort der Religion und des Handels war. Auf Grund des starken Besu-

PLAYA DEL CARMEN

cherandrangs wurde die Umgebung der archäologischen Stätte ausgebaut zu einer Art modernem Freizeitpark. Mit einer Miniatureisenbahn fahren die Besucher von den Parkplätzen zu den Souvenirläden und Tempeln. Nur früh am Morgen und außerhalb der Saison herrscht in Tulum noch jene Stille, ohne die sich die mythischen Bauwerke zur bloßen Kulisse wandeln. Der Besuch der Stätte empfiehlt sich daher am frühen Morgen, da es zwischen 10 und 11 Uhr sehr voll wird, weil dann die Ausflugsbusse aus Cancún und von den Kreuzfahrtschiffen kommen.

Das ehemalige *Zeremonialzentrum der Maya (tgl. 8–17 Uhr)* mit religiösen und zivilen Verwaltungsgebäuden 60 km südwestlich datiert aus der nachklassischen Epoche (ab 1250) und ist architektonisch eher enttäuschend, liegt jedoch einzigartig auf einer 12 m hohen Klippe am Steilufer über dem Karibischen Meer. Die Stätte war vermutlich schon in der klassischen Epoche besiedelt, denn man fand eine Stele mit dem Datum 564. Der Name Tulum („Zaun" oder „Mauer") stammt aus dem Beginn des 20. Jhs. und bezieht sich auf die Tatsache, dass das Zentrum an drei Seiten von einer ca. 420 m und zweimal 200 m langen sowie bis zu 4 m hohen und 6 m starken Mauer mit fünf Eingängen umgeben ist. Die vierte Begrenzung bildet das Steilufer mit dem darunter liegenden Strand. In diesem abgegrenzten Bereich wohnten vermutlich die religiösen und zivilen Führer. Weitere Ruinen, wahrscheinlich Wohngebäude der einfachen Bevölkerung, liegen über 6 km verstreut an der Küste.

Nach Betreten der Anlage durch den Nordeingang stoßen Sie zunächst auf den *Grupo Central* mit kleineren, palastartigen Gebäuden, durch die sich in Nord-Süd-Richtung eine Straße zieht. Auffallend ist hier das *Chultun* (Reservoir House) mit einem von zwei Säulen dekorierten Eingang. Der große Innenraum birgt in der Mitte einen kleinen Altar; an der Südwestseite des Gebäudes liegt eine unterirdische Zisterne, die dem Bauwerk seinen Namen gab. Östlich des Gebäudes, also Richtung Meer, sind im *Templo de los Frescos* (Tempel der Fresken) noch einige Wandmalereien erhalten, die jedoch wegen der Absperrungen nur schwer zu erkennen sind.

Direkt an der Klippe steht an der höchsten Stelle ✹ *El Castillo.* Eine Treppe führt die Pyramide hinauf zu einem Tempel. Von dort überblickt man einen längeren Abschnitt der Küste. Der Tempel enthält zwei Gewölberäume, in die drei Eingänge führen. Drei Nischen schmücken die Fassade, über der mittleren sind Reste einer Dekoration eines herabstürzenden Gottes zu sehen. An den Ecken des Frieses entdeckt man zwei Stuckmasken von Tieren, mit denen Götter symbolisiert werden.

Ebenfalls auf der Klippe liegt der *Templo del Dios Descendente,* der Tempel des herabstürzenden Gottes. Die Darstellung zeigt ein geflügeltes Wesen mit dem Kopf nach unten. Es wird einerseits als Gott der untergehenden Sonne angesehen, andererseits auch als Bienengott. Die Figur ist einer Biene durchaus nicht unähnlich, und Honig wurde schon in der postklassischen Epoche der Maya auf

> *www.marcopolo.de/yucatan*

ANCÚN & RIVIERA MAYA

der Halbinsel produziert; auch findet sich diese Darstellung nur dort.

Unterkunft finden Sie südlich der archäologischen Stätte am Meer, z. B. im *Azulik (15 cabañas | Carretera a Boca Paila km 3 | kein Tel. | www.azulik.com | €€€)*, einem rustikalen Ökoresort (keine Kinder!) am Strand aus luxuriösen Hütten mit Terrasse und breitem Wellnessangebot. Die *Cabañas Piedra Escondida (9 Zi. | Carretera a Boca Paila km 3,5 | Tel. 01984/100 38 26 | Fax 871 20 91 | www.piedraescondida.com | €€)* ca. 4 km südlich am Strand bieten alle eine Veranda oder einen Balkon für ein paar unbeschwerte Urlaubstage.

XEL-HA [119 E4]

Ein sogenannter Ökopark („Quelle des Wassers") 50 km südlich von Playa del Carmen auf historischem Grund und Boden: Hier befand sich (vermutlich von ca. 500 v. Chr. bis etwa 1200 n. Chr.) ein Handelshafen der Maya. Auf dem Gelände wurden bereits mehrere Mayaruinen entdeckt.

Der Freizeitpark lockt mit zahlreichen Attraktionen täglich bis zu 1500 Besucher. Blaue Buchten und Lagunen mit flachem Wasser, Schildkröten, Schwimmen mit Delphinen – der Park wird von seinen Betreibern „das größte natürliche Aquarium der Welt" genannt. Zahlreiche Arten tropischer Fische entdeckt man in der hervorragenden Schnorchellagune, und eine Tour mit Schwimmkissen auf einem Fluss ist ein besonderes Vergnügen. *Tgl. 9–18 Uhr | 75 US-$ | www.xelha.com*

Im Freizeitpark Xel-Ha können Sie mit Delphinen im Flachwasser der Lagune schwimmen

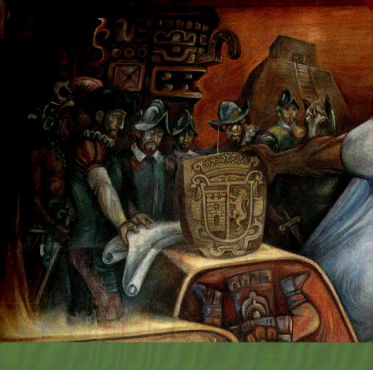

> SCHATZKAMMER DER HALBINSEL

Haciendas, Kolonialstädte und Mayastätten: Im Norden lebt die große Vergangenheit

> **Mérida**, die Hauptstadt des Bundesstaats Yucatán, ist eine der ältesten Städte des Landes, voll gepackt mit Erinnerungen an glanzvolle Zeiten. Paläste und Arkadengänge, Plazas und herrliche koloniale Hotels warten auf Besucher.

In der Umgebung liegen riesige Haciendas; sie sicherten einst den Reichtum der Gegend. Mehr als 300 dieser Landgüter, auf denen Zuckerrohr und Agaven angebaut wurden, liegen in der Umgebung. Henequén, eine Agavenart, aus deren Fasern Sisal für Seile und Garne gefertigt wurde, verhalf der Region Anfang des 20. Jhs. zu internationalem Ansehen. Erst mit dem Aufkommen von Kunstfasern ging die Epoche zu Ende; nur noch wenige Haciendas produzieren heute Sisal. Andere wurden mit viel Aufwand restauriert und beherbergen heute Hotels und Restaurants – eine ideale Möglichkeit, für ein paar Nächte zu leben wie einst

Bild: *mural* im Palacio de Gobierno in Mérida

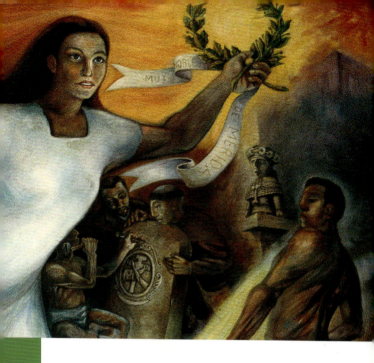

MÉRIDA & DER NORDEN

die mexikanischen Gutsbesitzer. Weniger glanzvoll war das Leben der Henequén-Arbeiter, die oft 15 Stunden am Tag in der klebrigen Hitze schufteten, um ihren kärglichen Lebensunterhalt zu verdienen. In Haciendas untergebrachte Museen dokumentieren den Alltag der Sisalarbeiter.

Von den industriellen Zeugnissen der Vergangenheit zu den heiligen Stätten der Maya: Im Norden der Halbinsel Yucatán liegt auch Chichén Itzá, eine der berühmtesten – weil am besten restaurierten – Mayastätten des Landes.

CHICHÉN ITZÁ

 KARTENSKIZZE AUF SEITE 58

[117 F3] ★ Die größte und bedeutendste präkolumbische Stätte der Halbinsel Yucatán, ungefähr auf halber Strecke zwischen Cancún und Mérida, wurde schon

CHICHÉN ITZÁ

445 n. Chr. gegründet und war bis 1200 bewohnt, als sie aus bisher nicht bekannten Gründen verlassen wurde. Für uns ist es heute unvorstellbar, wie es den Maya vor 1500 Jahren gelang, die Steinquader für den Pyramidenbau zu zerteilen, obwohl sie keine Metalle kannten. Nur mit Obsidian, einem

7 m hoch hängen die Spielringe auf dem Ballspielplatz Juego de Pelota

scharf geschliffenen Lavagestein, bearbeiteten die frühen Baumeister ihr schweres Material. Fast senkrecht schichteten sie Stein auf Stein für ihre Pyramiden. Deren Besteigung ist für Besucher eine sportliche Herausforderung, und ohne Kette, an der sich die Touristen beim Auf- und Abstieg festhalten, wäre schon so mancher Unfall passiert.

In Chichén Itzá deutlich zu erkennen sind auch die Einflüsse eines weiteren präkolumbischen Volkes, nämlich der Tolteken. Es gab hier zwei nachweisbare Blütezeiten: In der klassischen Epoche (600–900) bauten die Maya einen großen Teil der heute sichtbaren Gebäude. Ab dem Jahr 1000 florierte die Bautätigkeit erneut, diesmal unter dem Einfluss der mittlerweile eingewanderten Tolteken. Die Stätte wird daher heute in Chichén Viejo (zwischen 600 und 900) und Chichén Nuevo (ab 11. Jh.) unterteilt. Etwa drei Viertel der Bauwerke der einst 25 km^2 umfassenden Stadt harren noch der Erforschung. In Mérida sowie in Cancún werden Tagesausflüge angeboten, die man meist auch im Hotel buchen kann.

■ SEHENSWERTES
ZONA ARQUEOLÓGICA

Nach Betreten der archäologischen Zone durch einen großen Eingangsbereich mit Museum, Souvenirgeschäften, Buchhandlung, Gepäckaufbewahrung, Toiletten, Restaurant und Informationsbüro trifft man zunächst auf die ✻ Pyramide des Kukulcán, von den Spaniern *El Castillo,* „das Schloss", genannt. Die 24 m hohe Pyramide mit 55 m Seitenlänge wird gekrönt von dem 6 m hohen Templo de Kukulcán. 91 steile Stufen führen jeweils an den vier Seiten hinauf, macht zusammen 364 plus 1 Stufe für den Tempel – die Tage des Sonnenkalenders. Die Treppen der Vorderseite enden an ihrem Fuß in jeweils zwei Schlangenköpfen. Während der Tagundnachtgleiche (21. März und 22. September) wirft die

> *www.marcopolo.de/yucatan*

MÉRIDA & DER NORDEN

Sonne nachmittags den Schatten der neun Plattformen so auf die Nordwestmauer der Treppe, dass drei Stunden lang der Eindruck entsteht, die Schlange winde sich die Stufen hinunter. Dieses Schauspiel wiederholt sich am nächsten Morgen auf der gegenüberliegenden Südwestseite in umgekehrter Weise, wenn sich die Schlange die Treppe hinauf wieder in den Tempel zurückzieht. Auch diese Pyramide ist mehrfach überbaut worden, und am Fuß des Bauwerks führt ein Gang auf einer älteren Treppe (57 Stufen) in einen Tempel mit einer Jaguarfigur, dessen Fell Flecken aus Malachit enthält. Die Augen sind mit Jadestückchen markiert.

Der östlich gegenüberliegende *Templo de los Guerreros* (Tempel der Krieger) zeigt auf seiner Plattform eine viel fotografierte Chac-Mool-Figur, eine auf dem Rücken abgestützte männliche Gestalt mit einer Schale im Schoß. Vor der Aufgangstreppe stehen 60 Pfeiler, die einmal das Dach der Vorhalle trugen. Die Dekorationen an den Pfeilern auf der Pyramide, die das ehemalige Tempeldach stützten, zeigen als Dekoration Krieger in toltekischer Tracht und gaben dem Tempel seinen Namen. Das Bauwerk darf seit einigen Jahren nicht mehr betreten werden.

Am Fuß dieses Tempels erstreckt sich der *Grupo de las Mil Columnas* (Gruppe der Tausend Säulen), Reste zweier lang gestreckter Hallen, deren insgesamt 440 runde und viereckige Säulen einmal ein Dach trugen. Die Säulen sind aus einzelnen Blöcken zusammengesetzt und teilweise mit Reliefs verziert. Die Beschaffenheit des ehemaligen Dachs und die Funktion der Hallen sind nicht bekannt.

Der *Juego de Pelota* (Ballspielplatz), mit 146 m Länge und 68 m Breite der größte Mittelamerikas, ist ausgezeichnet restauriert. Die eigentliche Spielfläche beträgt 91 x 36 m. In den senkrechten, 8,50 m hohen Seitenwänden sind in 7 m Höhe die steinernen Spielringe erhalten. Im unteren Teil der Mauern verläuft ein Schlangenfries über Flachreliefs. Aus dem Stein kunstvoll herausgemeißelt sind zwei sich gegenüberstehende Spielmannschaften. Dargestellt wird eine blutige Szene: Aus dem Hals eines Anführers mit abgeschlagenem Kopf, der vor dem Anführer der anderen Mannschaft (mit dem Kopf in der Hand) kniet, schießt das Blut in Form von Schlangen. Über die Bedeutung dieser Darstellung gibt es mehrere, sich zum Teil widersprechende Theorien. Eine besagt, dass die Gewinner des Ball-

MARCO POLO HIGHLIGHTS

★ **Izamal**
Pyramide und Kloster überragen alles (Seite 63)

★ **Chichén Itzá**
Die größte archäologische Stätte aus präkolumbischer Zeit (Seite 55)

★ **Museo de Antropología**
Die Schätze der Maya in Mérida (Seite 67)

★ **Uxmal**
Tempel und Paläste wie von Zauberhand gebaut (Seite 75)

CHICHÉN ITZÁ

spiels enthauptet und damit den Göttern geopfert wurden.

Der *Cenote Sagrado* oder *Cenote de los Sacrificios* ist über einen ca. 300 m langen Weg, eine ehemals erhöhte und befestigte *sacbé,* zu erreichen, der von der Pyramide des Kukulcán nördlich durch Wald zu dem

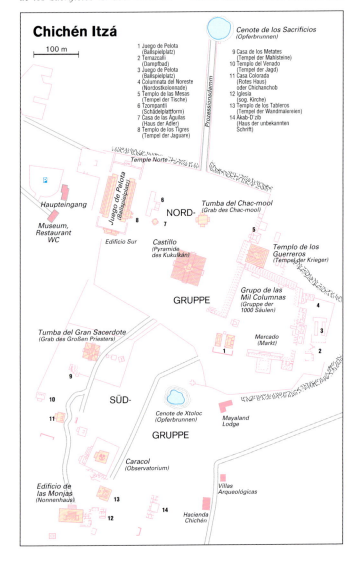

MÉRIDA & DER NORDEN

Form follows function, wussten schon die Maya: Sternwarte in Chichén Itzá

runden Karstbrunnen führt. Mit einem Durchmesser von rund 60 m und 15 m Tiefe diente der Brunnen nicht der Wasserversorgung, sondern kultischen Zwecken. Er wurde im 20. Jh. mehrfach erforscht; man fand Opfergaben aus Gold, Kupfer und Jade sowie Teile menschlicher Skelette.

Weitere sehenswerte Bauwerke im Nordteil der Stätte sind u. a. der *Templo de los Tigres* (Tempel der Jaguare, die in Mexiko teils *tigre,* teils *puma* genannt werden) am Ballspielplatz und die Schädelmauer *Tzompantli.*

Auf dem Weg in den südlichen Teil der Stätte passiert man einen zweiten Brunnen, *Xtoloc* („Leguan") genannt, der der Wasserversorgung diente, sowie das Tempelgrab des Hohenpriesters, *Tumba del Gran Sacerdote.* Auf der weiten südlichen Plaza erhebt sich *El Caracol,* das „Schneckenhaus", auch *El Observatorio* genannt, das möglicherweise der Vorhersage der Tagundnachtgleichen und der Sonnenwenden diente. Es ist rund, 12,5 m hoch und steht auf zwei rechteckigen Plattformen. Innen führt eine Wendeltreppe, die dem Bauwerk seinen Namen gab, hinauf zu einem Raum mit viereckigen Fensteröffnungen, die nach astronomischen Fixpunkten ausgerichtet sind.

Südlich des Observatoriums liegen verstreut zahlreiche weitere Gebäudegruppen. Unter ihnen befindet sich auch das *Edificio de las Monjas* (Nonnenhaus), von den ersten spanischen Besuchern so genannt, weil sie annahmen, dort würden die zur Opferung im heiligen Brunnen bestimmten Jungfrauen festgehalten. Auf einer 10 m hohen, rechteckigen Plattform, zu der eine breite Treppe hinaufführt, erhebt sich ein Tempel mit mehreren Räumen, die die typischen Mayagewölbe aufweisen. Die Fassade ist mit beschädigten Masken des Regengottes Chac bedeckt.

Östlich schließt sich an das Nonnenhaus der *Anexo Este* an, der östliche Anbau. Dessen Eingang zeigt ein typisches Element des Puuc-Stils: Man betritt das Gebäude durch das

CHICHÉN ITZÁ

geöffnete Maul eines Ungeheuers, dessen Zahnreihe oberhalb des Türsturzes sichtbar ist. Die Fassade ist mit Masken des Regengotts Chac bedeckt sowie mit stilisierten Schlangen und geometrischen Mustern; im oberen Bereich sieht man die Skulptur eines sitzenden Mannes.

Die Stätte ist immer gut besucht und lässt sich am besten vormittags vor 11 und nachmittags nach 16 Uhr besichtigen, wenn die Reisebusse aus Cancún noch nicht bzw. nicht mehr da sind und die Temperatur erträglich ist. *Tgl. 8–17 Uhr | eindrucksvolle Licht-und-Ton-Schau um 19 Uhr (Winter) bzw. 20 Uhr (Sommer), Folklorehow um 18 Uhr*

ESSEN & TRINKEN

An der alten MEX 180, die sich durch das lang gestreckte, 1 km entfernte Dorf zieht, liegen mehrere große Restaurants. Diese wenden sich an die Tagesbesucher, die täglich in zahlreichen Bussen aus Cancún kommen. Tagsüber empfiehlt sich wegen der weiten Wege ohnehin die Cafeteria der archäologischen Stätte, abends fährt man in Chichén Itzá besser, wenn man im Hotelrestaurant isst.

ÜBERNACHTEN

DOLORES ALBA
3 km vor der archäologischen Stätte gelegen, mit kostenlosem Transport zu den Ruinen. Das Haus im Kolonialstil besitzt einen Gartenpatio und zwei Pools, große Zimmer und ein gemütliches Restaurant. *24 Zi. | Tinum | MEX 180 km 122 | Tel. 01985/858 15 55 | Fax 01999/928 31 63 | www.doloresalba.com | €*

MAYALAND
Direkt am Südeingang liegt am Rand der archäologischen Stätte mit Blick auf das Observatorium dieses Haus im Kolonialstil mit großen Komfortzimmern, dazu einige Bungalows und Pool im Garten. *115 Zi. | Carretera Vieja km 121, Zona Hotelera | Tel. 01998/887 24 50 | Fax 884 45 10 | www.mayaland.com | €€€*

AUSKUNFT

Ein Büro der Touristeninformation finden Sie im Eingangsbereich.

ZIELE IN DER UMGEBUNG

BALANKANCHÉ [117 F2–3]
Ca. 7 km östlich von Chichén Itzá zweigt von der MEX 180 nach links

> GESCHICHTSSCHREIBUNG

Mayazeugnisse aus erster Hand sind nicht überliefert

Die Dokumente der Maya über ihr Wissen und Denken wurden von den Spaniern zerstört. Wir sind heute auf die Schriften spanischer Mönche angewiesen, die ihre Kenntnisse wiederum von indianischen Gewährsleuten erhielten. Die spanischen Chroniken sind daher aus der Sicht der Sieger, Christen und Kolonialherren, entstanden und dienten fast durchweg der Rechtfertigung der Eroberung und Missionierung. Eine der Wahrheit nahekommende Chronik liegt allenfalls von Bernal Díaz del Castillo (1498–1582) vor, welcher bald erkannte: „Das Gold ist das Ziel aller menschlichen Wünsche."

MÉRIDA & DER NORDEN

ein 1 km langer Weg nach Balankanché ab. Die 1959 entdeckte Tropfsteinhöhle enthält nicht nur Hunderte glitzernder Stalagmiten und Stalaktiten, sondern auch eine große Sammlung von Zeremonialobjekten, die die Tolteken hier während der postklassischen Epoche hinterließen. Die Höhle wurde vermutlich schon um 300 v. Chr. von den Maya benutzt und ab 1200 von den Tolteken als Opferstätte für den Regengott Tlaloc eingerichtet.

Erhalten sind Gefäße und *metates*, Reibsteine für die Maiszubereitung. Zur Anlage gehört heute ein Touristenzentrum mit Museum, Restaurant, Läden, botanischem Garten und einer Ton-und-Licht-Schau in Spanisch und Englisch. *Tgl. 9–17 Uhr, geführte Touren (auch in Englisch) zur vollen Stunde*

EKBALAM UND RÍO LAGARTOS [118 C1–3]

Ein reizvoller Ausflug führt über Valladolid und Tizimín nach rund 140 km zur nördlichen Küste. Ca. 15 km hinter Valladolid passiert man bei Temozón den Abzweig (10 km auf Schotter) zur archäologischen Stätte *Ekbalam (tgl. 8–17 Uhr)*, die in der späten klassischen Mayaepoche (700–900) errichtet wurde. Die einstmals prächtigen Gebäude – eine der drei Pyramiden an der Plaza ist 30 m hoch – deuten darauf hin, dass es sich einerseits um ein wichtiges Zeremonialzentrum handelte, andererseits verweisen zahlreiche Funde auf die Bedeutung der Stätte

Die Tropfsteinhöhle Balankanché enthält eine Vielzahl toltekischer Opfergefäße

CHICHÉN ITZÁ

als Handelsplatz zwischen der Küste und dem Zentrum Cobá. Die zentrale Plaza mit ihren mehr als 20 Gebäuden war ursprünglich von einer Ringmauer umgeben; mehrere heilige Straßen *(sacbeob)* treffen hier zusammen.

Das Fischerdorf *Río Lagartos* dient Touristen als Ausgangspunkt für den Besuch des *Parque Natural Río Lagartos* mit seinen Flamingokolonien. Fischer der Ortschaft bieten Ausflüge mit Motorbooten. In einer durch eine Nehrung vom Meer abgetrennten, geschützten Lagune leben darüber hinaus weitere 200 Vogelarten, bevorzugt am sumpfigen Ende der Landzunge.

IK KIL [118 B3]

3 km östlich von Chichén Itzá liegt an der Straße 180 der *Cenote Sagrado Ik Kil.* 90 Stufen führen 25 m hinunter zu einer Plattform am Wasser, etwa 7 m darüber ergibt sich eine Sprungmöglichkeit. Der Durchmesser des runden „Sees" beträgt 60 m, seine Tiefe 40 m. Die Umgebung des *cenote* ist tropisch grün, zahlreiche lange Wurzeln hängen hinab. Man kann schwimmen, und auch ein Restaurant ist vorhanden. *Tgl. 8–18 Uhr* | www.cenote-ik-kil.com

VALLADOLID [118 C3]

Gut 40 km östlich von Chichén Itzá liegt die schöne, gut erhaltene Kolo-

Frauen in bunten Kleidern: Straßenszene in Valladolid

> www.marcopolo.de/yucatan

MÉRIDA & DER NORDEN

nialstadt (75 000 Ew.), die bisher von Touristen wenig besucht wird. Bereits 1543 gegründet, zeigt das Zentrum noch die originale Stadtarchitektur. Hier, an der Kreuzung der Straßen 39 und 41 mit 40 und 42, liegt auch der Stadtpark Francisco Cantón Rosada, der von mehreren Hotels und Kunsthandwerksläden umgeben ist. Unter den Kolonialkirchen ist besonders die Kathedrale *San Gervasio* am Zentralplatz sehenswert, 1706 erbaut und mit zwei eindrucksvollen Glockentürmen und der Skulptur der spanischen Königskrone in der Fassade vollständig erhalten.

Das *Convento de San Bernardino de Siena*, ein Franziskanerkloster von 1560, besitzt eine viel bewunderte Fassade und einen prachtvollen Garten. In seinem Inneren finden Sie wertvolle Exponate kolonialer religiöser Kunst. Der *Cenote Sis-Ha* diente als Ziehbrunnen und versorgte während der Kolonialzeit das Anwesen mit Wasser.

Für die Übernachtung empfiehlt sich das *Mesón del Marqués (73 Zi. | Calle 39 Nr. 203 | Tel. 01985/ 856 20 73 | Fax 856 22 80 | www.me sondelmarques.com | €–€€)*, ein koloniales Stadthaus aus dem 17. Jh. am Zócalo mit großen Zimmern, einem Patio mit romantischem Restaurant und einem Pool im Garten. Ein vorzügliches Restaurant mit yucatekischen Gerichten ist das *San Bernardino de Siena (Calle 49 Nr. 227 | Tel. 01985/858 11 15 | €€)* zwei Blocks vom gleichnamigen Kloster entfernt.

IZAMAL

[117 E2] **70 km östlich von Mérida liegt das entzückende Kolonialstädtchen (17 000 Ew.).** In einer alten Pferdekutsche, genannt *victoria* und überall in Izamal anzutreffen, lässt man sich zur Mayapyramide Kinich Kakmó

Insider Tipp

> BÜCHER & FILME
Tipps zur Einstimmung auf Ihre Reise nach Yucatán

> **Labyrinth der Einsamkeit** – 1990 erhielt Octavio Paz den Nobelpreis für Literatur. In diesem berühmten Essay sucht er die mexikanische Seele zwischen dem indianischen Erbe und der Moderne, beschreibt eindrucksvoll, wie Mexiko „auf der Suche nach sich selbst" ist.

> **Yucatan** – Mit diesem Bildband schuf der Fotograf Michael Friedel ein Kaleidoskop des yucatekischen Lebens zwischen Alltag und Tourismus; die Texte stammen von Marion Friedel.

> **Bericht aus Yucatán** – Diese Schilderung der Lebenswelt der Indianer im 16. Jh. von Diego de Landa ist seit Kurzem wieder erhältlich.

> **Mexikanische Feste – die Fiestas der Frida Kahlo** – eine Hommage an die Künstlerin von deren Tochter Guadalupe Rivera und Marie-Pierre Colle; mit Originalrezepten.

> **Apocalypto** – Regisseur Mel Gibson drehte 2006 in den Staaten Yucatán und Veracruz diese Geschichte von einem Überfall kriegerischer Maya vor der Ankunft der Spanier.

IZAMAL

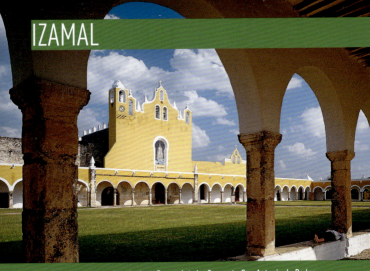

75 Rundbögen rahmen den riesigen Rasenplatz im Convento San Antonio de Padua

fahren und zum riesigen Atriumgarten des Franziskanerklosters San Antonio de Padua. Das Bauwerk ist komplett in Ockergelb getüncht, wie im Übrigen auch die meisten anderen Gebäude des Städtchens.

Izamal wurde vermutlich im 5. Jh. als Mayasiedlung gegründet; Spuren von vier *sacbeob*, die in der Stadt zusammentreffen, finden sich außerhalb der Ortschaft. Nach der Eroberung errichteten die Spanier bereits Mitte des 16. Jhs. das große Kloster sowie die Straßenzüge des heutigen Zentrums. Die Ortschaft nennt sich gern „Ciudad de las Tres Culturas" (Stadt der Drei Kulturen), da mehrere Pyramiden der Mayakultur und das Kloster der Spanier von einem zwar modernen, doch behutsam im Kolonialstil errichteten Ortszentrum umgeben sind.

SEHENSWERTES
CONVENTO SAN ANTONIO DE PADUA
1553 ließ ein spanischer Missionar den Mayatempel des Gottes der Schöpfung schleifen und an seiner Stelle ein Kloster mit dem zweitgrößten Atrium der Welt errichten. Der 1561 fertiggestellte Bau wurde bis 1618 mit einem 8000 m² großen Hof versehen, der von 75 Bögen umgeben ist. In der Klosterkirche *Nuestra Señora de Izamal* (auch *de la Concepción Inmaculada*) an der Ostseite des Atriums ist der barocke Altaraufsatz, komplett mit Blattgold überzogen, einen Blick wert. Das *Museum* des Franziskanerklosters zeigt religiöse Kunst der Kolonialzeit. Di, Do, Fr und Sa findet um 20.30 Uhr im Hof des Konvents die empfehlenswerte Ton- und-Licht-Show „La Luz de los Mayas" statt. *Tgl. 9–18 Uhr | zwischen den Calles 31/33 und 28/30*

KINICH KAKMÓ
Die eindrucksvolle Pyramide ist mit 35 m zwar nicht die höchste, doch mit einer Plattform von 193 x 171 m die größte in Yucatán. Da die Stufen weitgehend restauriert wurden und

> *www.marcopolo.de/yucatan*

MÉRIDA & DER NORDEN

die Treppe hier nicht so steil ist, klettert man früh oder vor Sonnenuntergang hinauf und genießt den schönen Blick auf Stadt und Klosteranlage. *Tgl. 8–18 Uhr | Calle 28/Calle 27*

■ ESSEN & TRINKEN

KINICH
Insider Tipp

Nur 50 m von der gleichnamigen Pyramide serviert eine freundliche Familie einheimische Küche. *Calle 27 Nr. 299 | Tel. 01988/954 04 89 | www.sabordeizamal.com | €*

LOS PORTALES ✿

Gegenüber dem Konvent bietet das Restaurant unter Arkaden regionale Küche; schon zum Frühstück geöffnet. *Los Portales | Tel. 01988/954 03 02 | €*

EL TORO

Mexikanische Küche, Schwerpunkt Fleischgerichte vom Grill; viele Einheimische. *Calle 33/Plazuela del Toro gegenüber dem Kloster | Tel. 01988/967 33 40 | €€*

TUMBEN-LOL

In der „neuen Blume" serviert man unter Palmenblättern yucatekische Küche, dazu leckere Süßigkeiten als Dessert. *Calle 22 Nr. 302 | Tel. 01988/954 02 31 | €*

■ EINKAUFEN

HECHO A MANO
Insider Tipp

Nicht alles ist hier von Hand gemacht („hecho a mano"), dafür jedoch originell und geschmackvoll. Die Besitzer Hector Garza und Jeanne Hunt holen ihre Schätze aus dem ganzen Land. Eine gute Alternative zu den üblichen Souvenirläden; auch englischsprachige Bedienung. *Calle 31 Nr. 308*

■ ÜBERNACHTEN

MACAN-CHÉ

Liebenswerte B-&-B-Pension beim Parador Turístico: elf Hütten in einem weitläufigen Garten mit Pool. *Calle 22 Nr. 305/Calle 33 | Tel. 01988/954 02 87 | www.macanche.com | €€*

> BLOGS & PODCASTS
Gute Tagebücher und Files im Internet

- **mexico-travelnews.de/mexiko-blog** – touristische Hinweise und Berichte; auf Deutsch und in der Regel aktuell und gut gemacht.
- **www.yucatanblog.com** – Reiseberichte auf Englisch, hauptsächlich zur Riviera Maya.
- **http://blog.mexicantotal.com** – interaktive Website mit Nachrichten für Expatriates und Traveller.
- **www.busacross.com** – Auf dieser unerlässlichen Website für alle, die in Yucatán auch mit dem Bus unterwegs sein wollen, findet man auch Reiseberichte, u. a. zu Yucatán – und nicht nur mit dem Bus.
- **www.rinconesdemitierra.com** – rund 100 Kurzfilme zu landschaftlichen und baulichen Highlights des Landes.

Für den Inhalt der Blogs & Podcasts übernimmt die MARCO POLO Redaktion keine Verantwortung.

MÉRIDA

Insider Tipp

■ **RINCONADA DEL CONVENTO**

Das zentral gelegene beste Haus der Stadt bietet Zimmer mit Klimaanlage, Internetzugang und einen Pool. 8 Zi. | *Calle 33 Nr. 294 (zwischen Calle 30 und 28)* | *Tel./Fax 01988/ 954 01 51* | *www.hotelizamal.com* | €€€

■ **AUSKUNFT**

Glorieta Fray Diego de Landa (Plazuela del Toro beim Kloster) | *Tel. 01988/954 00 09* | *Fax 954 01 53*

MÉRIDA

 KARTE IN DER HINTEREN UMSCHLAGKLAPPE

[117 D2] **Die wohlhabende Kolonialstadt (1,3 Mio. Ew.) ist Kapitale und wirtschaftliches wie kulturelles Zentrum des Bundesstaats Yucatán.** Nirgendwo sonst sieht man so viele prächtig restaurierte Stadtpaläste – mit dem Handel von Sisal wuchs die Stadt zwischen 1880 und 1920 zu einer der reichsten Metropolen der Welt –, so schöne Alleen, Patios und Arkadengänge. Zahlreiche historische Bauwerke beherbergen heute Hotels, Restaurants und Museen. Méridas hervorragende touristische Infrastruktur, die teilweise ländlich geprägte koloniale Atmosphäre und die zahlreichen sehenswerten Orte der Umgebung lohnen einen mehrtägigen Aufenthalt.

Am Wochenende ist das Zentrum autofrei, *Insider Tipp* samstags für das *Straßenfest El Corazón de Mérida* mit viel Musik und Tanz, sonntags geht es weiter mit Straßenverkäufern, Musik, Umzügen und Restaurants im Freien. Während auf der einen Seite des Platzes die Trompeten einer *mariachi*-Kapelle und wehmütiger Gesang geradezu tragikomischer Machosänger über Leid und Liebe den Zuhörern fast die Tränen in die Augen treiben, spielen gegenüber einige Maya leise Töne auf der Marimba, einem gro-

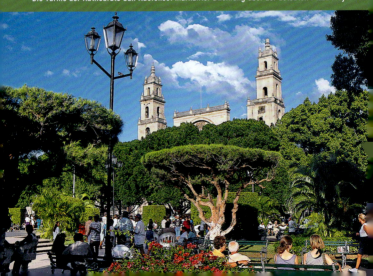

Die Türme der Kathedrale San Ildefonso: markanter Blickfang über der belebten Plaza Mayor

MÉRIDA & DER NORDEN

ßen, xylofonähnlichen Instrument. Dazwischen rennen Kinder, bieten Luftballon- und Eisverkäufer ihre Schätze an, genießen die Menschen *enchiladas* und Zuckerwatte.

■ SEHENSWERTES

CASA DE MONTEJO
Der Palast des Stadtgründers Francisco de Montejo wurde 1542 errichtet. Seine Fassade ist aufwendig geschmückt, u. a. mit kunstvollen Figuren. Man kann den hübschen Patio besichtigen; das Haus gehört heute einer Bank. *Mo–Fr 8–17 Uhr | Südseite der Plaza Mayor*

CATEDRAL SAN ILDEFONSO
Die 40 m hohen Türme der 1598 fertiggestellten Kathedrale überragen das gesamte Stadtzentrum. Das 90 m lange Mittelschiff wirkt heute eher karg, da die prachtvollen Silber- und Golddekorationen während Krieg und Revolution abhandenkamen. *Ostseite der Plaza Mayor*

HACIENDA SAN ANTONIO CUCUL
Ein Tag in der Vergangenheit: Die Hacienda von 1626 bietet weitläufige Blumengärten, einen großen Park mit verschwiegenen Picknickplätzen und viel kolonialer Architektur. Es gibt eine haciendaeigene Kapelle, gut erhaltene Kanäle sowie religiöse Kunst, u. a. aus geschnitztem Hartholz. *Tgl. 10–18 Uhr | Calle 28 Nr. 340 a, Ortsteil San Antonio Cucul (im Norden der Stadt) | www.sanantoniocucul. com.mx*

MUSEO DE ANTROPOLOGÍA ★
Fundstücke aus prähistorischer Zeit sowie aus unterschiedlichen Epochen der präkolumbischen Mayakultur: Keramik, Stelen, Skulpturen, Grabbeigaben, Schmuck, das Ganze ausgestellt in einem prächtigen Palast. *Di–Sa 9–20, So 8–14 Uhr | Palacio Cantón | Paseo de Montejo/Calle 43*

MUSEO DE ARTE CONTEMPORÁNEO (MACAY)
Das Museum für zeitgenössische Kunst ist im ehemaligen Bischofspalast untergebracht und zeigt vornehmlich yucatekische Maler, darunter Fernando Castro Pacheco. *So/Mo und Mi/Do 10–18, Fr/Sa 10–20 Uhr | Plaza Mayor/Pasaje de la Revolución | www.macay.org*

MUSEO DE ARTE POPULAR
Insider Tipp

Eine schönere Zusammenstellung yucatekischer Volkskunst gibt es nirgendwo auf der Halbinsel. Neben Sisalprodukten, Körben und Hängematten findet man auch handbemalte Puppen aus Pappmaché mit beweglichen Gliedern, aus Kürbissen gefertigte Masken sowie Lebensbaumkeramiken, Trachten und Kunsthandwerk aus anderen mexikanischen Bundesstaaten. In der angeschlossenen Verkaufsausstellung können für wenige Pesos Produkte erworben werden. *Di–Sa 9–20, So 9–14 Uhr | Calle 59 Nr. 441*

PALACIO DEL GOBIERNO
Der Regierungspalast zeigt im ersten Stockwerk mehrere *murales* (Wandgemälde) von Fernando Castro Pacheco. Berühmt ist das riesige, im naturalistischen Stil gehaltene Gemälde „Die Hände des Henequén-Arbeiters", stille Anklage und Hinweis auf die früheren, mitunter sklaven-

MÉRIDA

ähnlichen Arbeitsbedingungen der Plantagenarbeiter. Von den ❋Balkonen des Palasts genießt man einen vorzüglichen Blick über den Platz zur Kathedrale. *Tgl. 8–20 Uhr | Nordseite der Plaza Mayor*

nuten zu den wichtigsten Sehenswürdigkeiten der Stadt, an sechs Haltestellen kann man ein- und aussteigen. *Tgl. 9–21 Uhr | Fahrtdauer 2 Std., Tickets im Bus für 100, 140 oder 180 Pesos für 1, 2 oder 3 Tage, Sa/So*

Restaurierte Stadtpaläste, Arkadengänge und Alleen: charmantes Mérida

TEATRO PEÓN CONTRERAS

Ursprünglich Teil eines Jesuitenklosters aus dem Beginn des 17. Jhs., dann zur Universität gehörig, seit Beginn des 20. Jhs. umgestaltet und heute ein Theater. Die prachtvollen Treppen und reiche Dekoration gehen auf den Sisalboom des 19. Jhs. zurück. Heute unterhält die Touristeninformation hier ein Büro. *Tgl. 8 bis 20 Uhr | Calle 60/Calle 57*

TURIBÚS ❋

Ein offener Sightseeing-Doppeldecker verkehrt vom Zócalo alle 45 Minuten *15 Pesos Aufpreis | www.turibus.com.mx*

ESSEN & TRINKEN

ALBERTO'S PATIO CONTINENTAL

Hierher führen Geschäftsleute ihre Gäste, hier diniert die mexikanische Mittelschicht und gönnen sich Touristen einen stilvollen letzten Mérida-Abend. Kerzen hüllen den arabisch gestalteten Patio in romantisches Licht, serviert werden Spezialitäten aus dem Nahen Osten. Reservierung ratsam. *Calle 64 Nr. 482/Calle 57 | Tel. 01999/928 53 67 | €€€*

> www.marcopolo.de/yucatan

MÉRIDA & DER NORDEN

LA BELLA EPOCA
Internationale und arabische Küche in einem stilvollen Kolonialhaus im Zentrum. Eine Bar mit Salsamusik und eine ruhige, romantische Terrasse mit Springbrunnen nach hinten ergänzen das Lokal. *Calle 60 Nr. 497 | Tel. 01999/928 19 28 | €€*

CAFÉ CLUB
Sandwiches, Pasta, französische und vegetarische Gerichte, auch Frühstück und preiswertes mehrgängiges Tagesmenü; außerdem Internetzugang. *Calle 55 Nr. 496 (zwischen Calle 60 und 62) | Tel. 01999/923 15 92 | €*

CAFÉ PEÓN CONTRERAS
Ruhiges Straßencafé unter Bäumen neben der Kirche Tercera Orden mit gutem yucatekischem Essen. *Calle 60 Nr. 490 (zwischen Calle 57 und 59) | Tel. 01999/924 70 03 | €€*

LA CASA DE FRIDA
Feine mexikanische Küche mit vegetarischen Spezialitäten. Serviert wird im schönen Innenhof. Nur abends geöffnet! *Calle 61 Nr. 526 (zwischen Calle 66 und 66 a) | Tel. 01999/928 23 11 | €€€*

■ EINKAUFEN
CASA DE LAS ARTESANÍAS
Staatlicher Laden in einem alten Stadtpalast mit ungewöhnlicher Auswahl ausgefallener Produkte, auch hübsches Spielzeug, alles zu günstigen Preisen. *Calle 63 Nr. 503 a*

MINIATURAS ARTE POPULAR MEXICANO
Yucatekische Volkskunst in Form von Miniaturen. *Calle 59 (zwischen Calle 60 und 62)*

POPOL NÁ
Gute Hängematten sowie alle Arten yucatekischen Kunsthandwerks. *Calle 59 (zwischen Calle 60 und 62)*

■ ÜBERNACHTEN
FIESTA AMERICANA
Das äußerlich einem viktorianischen Palast ähnelnde Haus bietet große, komfortable Zimmer sowie eine Einkaufsgalerie und 1.-Klasse-Busstation. *350 Zi. | Av. Colón 451/Paseo*

> GRAUSAME VERGANGENHEIT
Mit den Europäern kamen Verwüstung und Tod

1519 landete Hernán Cortés an Mexikos Ostküste. Von dort marschierte er mit seinen Truppen nach Tenochtitlán, der Hauptstadt der Azteken im Hochland Mexikos. Zwei Jahre später war der Aztekenkaiser Moctezuma II. tot, lag dessen prächtige Stadt in Schutt und Asche, die überlebenden Indianer waren versklavt. Auf den Ruinen von Tenochtitlán erbauten die Spanier eine neue Siedlung, das heutige Mexiko-Stadt. Erst ein Jahrzehnt danach gelangten die Konquistadoren nach Yucatán. 14 Jahre später meldete Don Francisco de Montejo dem spanischen König, dass die Eroberung der Halbinsel geglückt, die Maya unterworfen seien. Viele Menschen starben durch Folter und eingeschleppte Krankheiten, gegen die die Maya keine Abwehrkräfte besaßen.

MÉRIDA

Montejo | Tel. 01999/942 11 11 | Fax 942 11 12 | www.fiestaamericana.com | €€€

HOBO
Hostal in schönem Stadthaus von 1745 mit zwei Schlafsälen (14 bzw. zehn Betten) und drei 2- bis 4-Bett-Zimmern. *Calle 60 Nr. 432 (zwischen Calle 47 und 49) | Tel. 01999/928 08 80 | www.hostelhobo.com | €*

INDIGO 🔊
Insider Tipp
Die Hacienda Misné mit 3 ha Garten wurde in ein bezauberndes Hotel umgewandelt. Traditionelle Möbel, Fitness, Massage, Dampfbad, Pool. *50 Zi. | Calle 19 Nr. 172/Calle 6 b | Ortsteil Misné | Tel. 01999/940 71 50 | Fax 940 71 60 | www.hotelindigo.com/meridamisne | €€€*

LUZ EN YUCATÁN
Gemütliche Apartments und Zimmer mit Küchenzeile im ehemaligen Konvent der benachbarten Kirche Santa Lucia; mit Pool, Garten und vielen Aufenthaltsräumen. *10 Zi. | Calle 55 Nr. 499 (zwischen Calle 58 und 60) | Tel. 01999/924 00 35 | www.luzenyucatan.com | €*

LA MISIÓN DE FRAY DIEGO
Kolonialer Missionspalast aus dem 17. Jh. zwei Blocks vom Zócalo mit zwei Patios, die den Pool und das Restaurant beherbergen. *26 Zi. | Calle 61 Nr. 524 (zwischen Calle 64 und 66) | Tel. 01999/924 11 11 | Fax 923 73 97 | www.lamisiondefraydiego.com | €€*

AUSFLÜGE & TOUREN

ECOTURISMO YUCATÁN ▶▶
Vogelbeobachtung, naturkundliche Führungen, Kajaktouren in der Umgebung. *Calle 3 Nr. 235 (Colonia Pensiones) | Tel. 01999/920 27 72 | Fax 925 90 47 | www.ecoyuc.com*

AUSKUNFT

Teatro José Peón Contreras | Calle 60/Calle 57 | Tel. 01999/924 92 90 | Fax 928 65 48 | www.merida.gob.mx

Wem eine Nacht in der Hacienda Temozón zu teuer ist, kann hier zumindest stilvoll essen

MÉRIDA & DER NORDEN

■ ZIELE IN DER UMGEBUNG ■

CELESTÚN [116 B2]

Das Hafenstädtchen 95 km westlich von Mérida bietet kilometerlange Naturstrände, von Kokospalmen gesäumt und zum Teil völlig unberührt. Zahlreiche Fischrestaurants am Strand und im Ort bereiten den Fang des Tages zu. Attraktion der Region ist ein 600 km² großes Naturschutzgebiet, der *Parque Natural del Flamenco Mexicano de Celestún,* in dem eine große Flamingokolonie zu Hause ist. Die ca. 25 000 Vögel nisten in Mangrovewäldern, und wenn sich die rosa Tiere mehrmals am Tag wie auf Kommando gemeinsam in die Luft erheben, ist das ein beeindruckendes Erlebnis. Selbst ernannte *guides* bieten Touren mit dem Motorboot in die Lagune und den Meeresarm Río Esperanza. Auf Wunsch wird die Vogelinsel *Isla de los Pájaros* angesteuert, wo auch andere Wasservögel wie Kormorane, Pelikane, Fregattvögel, Seidenreiher und Ibisse beobachtet werden können.

Ein Bus nach Celestún fährt von Mérida stündlich ab der Calle 71 (zwischen 64 und 66). Für ein paar komfortable Tage am Strand empfiehlt sich das *Eco Paraiso (Xixim, Camino Viejo a Sisal km 9,5 | Tel. 01988/916 21 00 | Fax 916 21 11 | www.ecoparaiso.com | €€€)* 9 km nördlich von Celestún: 15 *cabañas* mit Strohdach und ökologischem Anspruch.

DZIBILCHALTÚN [117 D1]

Eine der ältesten und größten Mayastätten liegt ca. 20 km nördlich von Mérida und 3 km östlich der Autobahn nach Progreso. Dzibilchaltún („Schrift auf flachem Stein") stammt aus der vorklassischen Zeit und war bei der Ankunft der Spanier noch besiedelt. Die einst weitläufige Anlage umfasste auf 16 km² rund 8400 Gebäude, es wurde jedoch nur das 3 km² große Zentrum ausgegraben. Innerhalb der Anlage wurden zwölf *sacbeob* entdeckt, 15 m breite, steinerne Straßen, bis zu 1 km lang, die überwiegend ins Zentrum führen.

Von dieser Plaza Mayor verläuft eine 425 m lange *sacbé* ostwärts zum hervorragend restaurierten *Templo* (oder *Pirámide*) *de las Siete Muñecas* („der Sieben Puppen"). Die sieben kleinen Tonfiguren, die hier auf einem Altar gefunden wurden, befinden sich heute im archäologischen Museum von Mérida. Dieser Tempel zieht zu den Tagen der Tagundnachtgleiche im März und September viele Besucher an, wenn der Ost- und Westeingang des Bauwerks bei Sonnenaufgang effektvoll illuminiert werden. Ein kleines, schön gestaltetes Museum *(Museo de las Mayas)* bietet lokale Fundstücke.

Die die Stätte umgebende Natur mit zahlreichen seltenen Pflanzen, 80 Vogelarten sowie Reptilien und Säugetieren wurde als ökoarchäologischer Naturschutzpark ausgewiesen. In dem *cenote* an der Plaza Mayor, der 40 m tief ist und dann horizontal weiterführt, leben endemische, vom Aussterben bedrohte Fische. *Archäologische Zone tgl. 8–17, Museum Di bis So 10–16 Uhr*

HACIENDA TEMOZÓN [117 D3]

45 Minuten südlich von Mérida liegt eine detailgetreu restaurierte Hacienda aus dem 17. Jh., umgeben von

MÉRIDA

wundervollen Gärten. Eine breite Treppe führt vom Park hinauf zur Kapelle mit drei Eingängen. Einer der beiden Glockentürme ist erhalten geblieben. Die ocker und rotbraun gestrichenen Gebäude besitzen von Säulen gestützte Terrassen, große Pflastersteine bedecken den Hof, der Pool passt sich in die Landschaft ein.

Der Ausflug lässt sich mit einem Besuch des Restaurants verbinden, sofern man sich nicht gleich in der Hacienda einquartiert. Viele Räume sind mit antikem Mobiliar ausgestattet, einige große Suiten besitzen einen eigenen kleinen Swimmingpool. *28 Zi. | Temozón Sur, Abalá | Carretera Mérida–Uxmal km 182 | Tel. 01999/923 80 89 | Fax 923 79 63 | www.haciendasmexico.com | €€€*

KABÁH [116 C4]

An der Puuc-Route (sie umfasst Zeremonialanlagen der Maya, die im sogenannten Puuc-Stil der klassischen Epoche erbaut wurden) liegt auch Kabáh ca. 100 km südlich von Mérida. Vor allem die Mosaiken aus Kalkstein, die als Dekorationen der Gebäude angebracht wurden, werden in Kabáh bewundert. Das Bauwerk *Codz Pop* („gerollte Strohmatte") wurde von den Spaniern *Templo de las Máscaras* (Tempel der Masken) genannt. Seine 46 m lange und 6 m hohe Fassade zieren 250 Masken des Regengottes Chac sowie eingerollte Strohmatten im Chenes-Stil. Bei einigen der Masken ist die Rüsselnase gut erhalten. Östlich des Codz Pop steht das *Teocalli* (Haus des Gottes),

Charakteristisch für Labná sind die reichhaltig verzierten Friese

> www.marcopolo.de/yucatan

MÉRIDA & DER NORDEN

dessen Wände Säulenreihen schmücken.

Im Abschnitt auf der anderen Seite der Straße liegt der *Arco de Kabáh* (Bogen von Kabáh), ein Kraggewölbe ohne Dekoration, bei dem die 15 km lange Prozessionsstraße *(sacbé)* nach Uxmal beginnt. *Tgl. 8–17 Uhr*

LABNÁ [117 D4]

120 km südlich von Mérida (Abzweig bei Sayil) liegt die kleine archäologische Stätte Labná, die besonders durch ihren Bogen bekannt geworden ist. Vom Eingang im Norden der Anlage erreicht man zunächst den *Palacio*. Der dreistöckige Palast zeigt steinerne Friese mit ungewöhnlicher Dekoration: Mondphasen, Stürme, Unwetter sowie – ganz oben – eine Gottheit, die sich in den Klauen einer Eidechse befindet. An einer Ecke des Frieses steckt ein Menschenkopf im geöffneten Schlund einer Schlange.

Eine erhöhte *sacbé* führt 170 m südlich zum Bogen von Labná, Reste des Straßenbetts und ihr Verlauf sind noch gut zu erkennen. *El Arco* mit einem perfekten Kraggewölbe ist im unteren Teil ohne Dekoration, oberhalb eines Simses in der Mitte dagegen reichhaltig verziert. Der Fries der Westfassade zu beiden Seiten des Durchgangs besitzt als Hintergrund ein Gitterwerk sowie ein Muster aus stilisierten Mayatempeln und -häusern. Die östliche Fassade ist mit geometrischen Mustern dekoriert, vor allem Mäander und Quadrate. Der Bogen zeigt an einigen Stellen Reste seiner ursprünglichen ockerfarbenen Bemalung. *Tgl. 8–17 Uhr*

LOLTÚN [117 D4]

Nahe Oxkutzcab 110 km südlich von Mérida liegen die seit 1959 erforschten *Grutas de Loltún* („Höhlen der Steinblume") von mehreren Kilometern Länge und bis zu 30 m Höhe. Sie zeigen Spuren, darunter Werkzeuge, denen zufolge sich bereits vor der Zeitenwende Menschen dieser Un-

>LOW BUDGET

> In Mérida übernachtet man nur drei Häuser vom Zócalo entfernt im *Hotel San José (30 Zi. | Calle 63 Nr. 503 g/ Calle 62 | Tel. 01999/928 66 57 | www.sanjosehotel.com.mx)* zu Jugendherbergspreisen: Ein einfaches und sauberes Doppelzimmer mit Dusche bzw. Bad bekommen Sie ab ca. 8 Euro.

> Kostenlose Unterhaltung finden Sie in Mérida montags um 21 Uhr auf der Plaza Mayor (Konzert und Volkstanz) donnerstags um 21 Uhr im Parque Santa Lucía (Serenadenmusik und Volkstanz) und samstags um 19 Uhr an der Ecke Paseo de Montejo/Calle 47 (Fest „Noche Mexicana") sowie um 20 Uhr an der Plaza Mayor (Fest „Corazón de Mérida").

> Das *Centro Cultural Olimpo* im Erdgeschoss des Palacio Municipal an der Ecke Calles 62/61 bietet meist kostenlos Ausstellungen und englischsprachige Filme sowie Internetcafé, Buchhandlung und Folklore.

> Zu begleiteten Stadtführungen durch den historischen Distrikt Méridas lädt die Stadt immer montags bis samstags um 9.30 Uhr. Treffpunkt am Palacio Municipal an der Ecke Calle 62/61.

MÉRIDA

terkunft bedient haben. Während der Frühzeit der Mayaepoche (ab 200) dienten die Höhlen vermutlich kultischen Zwecken.

Ein Teil der Höhlen ist beleuchtet und kann besichtigt werden. Man entdeckt Reste von Wandmalereien sowie Keramik. Nach dem Eingangsbereich betritt man die *Sala de Visitantes*, die Halle der Besucher, in der seit Urzeiten eine Frischwasserquelle sprudelt. An diese schließt sich *La Catedral* an, eine Halle von mehr als 20 m Höhe, in der zwei hohe Kalksäulen stehen, die die Namen Lol und Tun tragen. Nähere Hinweise auf die Nutzung der Höhlen durch die Maya erhielten die Forscher in der *Sala de las Tres Chimeneas* (Saal der Drei Kamine) und der *Sala de las Inscripciones* (Saal der Inschriften, 100 m lang und 30 m hoch), in denen man Hieroglyphen an den Wänden fand. Hier empfiehlt sich der Besuch ausnahmsweise in der heißen Mittagszeit. *Tgl. 9–17 Uhr | geführte Touren zur vollen Stunde*

MAYAPÁN [117 D3]

Rund 40 km südöstlich von Mérida liegt die letzte Stadt des Mayareichs, deren Blütezeit ca. 1200 bis 1450 vermutet wird. Einst 4 km^2 groß, von ovaler Form und von einer Mauer umgeben, standen hier 400 Gebäude, von denen bisher 114 als Tempel identifiziert wurden. Die übrigen dienten vermutlich Wohnzwecken. Ähnlich wie in Chichén Itzá findet man hier eine Pyramide des Kukulcán sowie ein Observatorium, doch ist die Stätte wesentlich kleiner und weitgehend noch nicht erforscht. *Tgl. 8–17 Uhr*

PROGRESO [117 D1]

36 km nördlich von Mérida liegt Yucatáns wichtigster Hafen (56 000 Ew.). 1856 fertiggestellt, diente er dem Sisalexport und wurde dadurch reich. Endlos scheint sich der 2 km lange, 9 m breite Pier vom weißen Strand durch das flache Wasser hinaus ins Meer zu ziehen. Die großen Schiffe können sogar 6,5 km vor der

> PELOTA
Das präkolumbische Ballspiel

Zu einem präkolumbischen Zeremonialzentrum gehörte in der Regel ein Ballspielplatz: Totonaken, Maya, Zapoteken, Azteken – sie alle huldigten dem rituellen Spiel. Der Platz *(tlachtli)* hatte die Form eines doppelten T, an den seitlichen Begrenzungsmauern waren zwei steinerne Ringe von ca. 50 cm Durchmesser angebracht. Zwei Mannschaften mit je drei bis sieben Spielern hatten die Aufgabe, einen Kautschukball mit Schultern, Knie, Ellbogen, Rumpf und der Hüfte (offenbar nicht mit der Hand oder dem Fuß) in der Luft zu halten, ohne dass er die Erde berührt, und durch den Ring zu stoßen. Man findet viele unterschiedliche Interpretationen zur Funktion und den Regeln des Spiels. Teilweise wird angenommen, dass der Ball die Sonne symbolisierte. Jedoch sind die Bedeutung und die meisten Details des Spiels bis heute unklar geblieben, darunter auch, wie das Spiel endete.

MÉRIDA & DER NORDEN

Küste anlegen, denn vom Pier führt ein weiterer, 4,5 km langer Viadukt zum neuen Tiefseehafen. An der langen Strandpromenade liegen zahlreiche Freiluftrestaurants und Cafés. Hier verbringen die Bewohner Méridas gern ein paar ruhige Ferientage. Progreso besitzt daher auch viele Hotels und Pensionen. Das *Siesta Inn (14 Zi. | Calle 40 Nr. 238 | Tel./Fax 01969/935 11 29 | www.mexonline. com/siestainn.htm | €€)* ist ein komfortables Stadthotel mit Klimaanlage und TV in den Zimmern, zwei Pools und Restaurant.

SAYIL [116–117 C-D4]

5 km hinter Kabáh zweigt von der MEX 261 eine Straße nach Osten zum rund 110 km südlich von Mérida gelegenen Sayil ab. Der „Platz der Ameisen" wurde während der klassischen Epoche der Maya ab etwa 500 errichtet und war während der spätklassischen Periode, zwischen 600 und 800 n. Chr., eine wohlhabende Siedlung. Etwa 10 000 Ew. lebten während der wirtschaftlichen Blütezeit in Sayil.

Wenig ist bisher ausgegraben worden, dazu gehört der dreistöckige *Palacio:* Der 85 x 40 m große Palast besaß einst rund 80 Räume, umfasst mehrere Säulenhallen und wird von der Skulptur Zama-Cab, dem Gott der Dämmerung, geschmückt. Archäologen nehmen an, dass es sich um die Residenz eines Mayakönigs handelte. Neben diesem Palacio, der zu den beeindruckendsten Bauwerken der Mayaarchitektur gehört, können ein *Ballspielplatz* und einige restaurierte *Tempel* besichtigt werden. *Tgl. 8–17 Uhr*

UXMAL ★ [116 C3]

„Das Ganze hat eine Aura architektonischer Symmetrie und Großartigkeit", rief schon der Mayaforscher John Lloyd Stephens begeistert aus.

Ganz entspannt im Hier und Jetzt: an der Strandpromenade von Progreso

Tatsächlich: Wer einmal das 80 km südlich von Mérida gelegene Uxmal *(tgl. 8–17 Uhr | im Winter Licht-und-Ton-Schau um 19 Uhr in Spanisch, im Sommer 20 Uhr in Spanisch, 21 Uhr in Englisch)* frühmorgens besucht hat, wird umfangen vom Zauber der Stätte. Gleich nachdem sich der Frühnebel gelichtet hat, der die Stätte in der Morgendämmerung in geheimnisvolles, milchiges Licht taucht, geht die Sonne auf und beleuchtet die steinernen Dekorationen der Tempel und Paläste.

MÉRIDA

Uxmals schönstes Bauwerk ist der von Stephens gepriesene Palast des Gouverneurs, nach Ansicht von Mayaforschern von herausragender Bedeutung für die Architekturgeschichte der Maya. Und mit der Pirámide del Adivino (des Wahrsagers), auch del Enano (des Zwergs) genannt, besitzt Uxmal („die dreimal Gebaute") ein Bauwerk, das in die Unescoliste des Welterbes aufgenommen wurde.

Am Eingang finden Sie ein kleines Museum, Toiletten, ein Restaurant und Souvenirläden. Am besten ist es, man lässt sich mehrere Stunden Zeit für die Besichtigung der Gebäude, die allesamt während der klassischen Mayaepoche (500–900) entstanden sind.

Bald nach Passieren des Eingangs stößt man auf die *Pyramide des Wahrsagers*. Diese, 37 m hoch und in (seltener) ovaler Form, wurde insgesamt viermal überbaut, es finden sich fünf verschiedene Tempel in dem Bauwerk. Der älteste Tempel liegt am Fuß der Pyramide, zwei weitere in ihrem Inneren; sie sind zu erreichen über Treppen und Gänge. Der jüngste und am besten erhaltene Tempel krönt die Spitze, ein weiterer, reich dekorierter Bau schließt sich direkt unterhalb an. Die Pyramide selbst kann nicht mehr bestiegen werden.

Das gleich westlich gelegene *Cuadrángulo de las Monjas* (Viereck der Nonnen) umfasst einen 65 x 45 m großen Innenhof. Die umgebenden Gebäude weisen einige gut erhaltene Masken des Chac und der Gefiederten Schlange sowie Tierfiguren und stilisierte Mayahütten auf. Der Komplex erhielt seinen Namen von den Spaniern, die fälschlich annahmen, die Maya hätten in den vielen kleinen Räumen Nonnen oder Jungfrauen für die Opferung untergebracht. Verlässt man die Anlage durch einen Bogeneingang am Südbau, gelangt man zum Ballspielplatz und weiter zur

Das Außergewöhnliche an der Pyramide des Wahrsagers in Uxmal ist ihre ovale Form

MÉRIDA & DER NORDEN

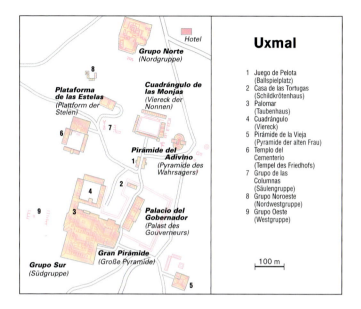

Casa de las Tortugas (Haus der Schildkröten). Das 10 x 30 m große, erhöht auf einer Plattform ruhende Gebäude ist von einem Fries aus steinernen Schildkröten umgeben. Schließlich gelangt man zum *Palacio del Gobernador* (Palast des Gouverneurs), um 900 als Residenz für König Chac von Uxmal erbaut. Das durch seine gewaltigen Dimensionen (100 x 12 m) bereits äußerlich beeindruckende Bauwerk setzt sich zusammen aus einem mittleren und zwei Seitenbauten, verbunden durch zwei Kraggewölbe. Auffällig ist der oberhalb der elf Eingänge vorspringende, 3 m hohe, steinerne Fries, zusammengesetzt aus 20 000 Steinquadern, die geometrische Muster bilden. Erhalten sind auch zahlreiche der einst 150 Masken des Regengottes Chac: Da es in Uxmal keine ce-notes gab, man vielmehr vom Wasser der Regenzeit abhängig war, das in Zisternen gesammelt wurde, verehrte man den Regengott Chac über alle Maßen.

Südwestlich des Bauwerks liegt die *Gran Pirámide* (Große Pyramide), an deren Westseite sich die große *Casa de las Palomas* (Haus der Tauben) anschließt – die dreieckigen, dekorativen Aufbauten der Frontseite erinnerten die Spanier an Taubenschläge.

Für die Übernachtung eignen sich die *Villas Arqueológicas (43 Zi. | Carretera Mérida–Campeche km 76 | Tel. 01997/974 60 20 | Fax 976 20 40 | www.villasarqueologicas.com.mx | €€)*, eine reizvolle zweistöckige Anlage im Haciendastil mit Pool und Tennis zwei Gehminuten von den Ruinen.

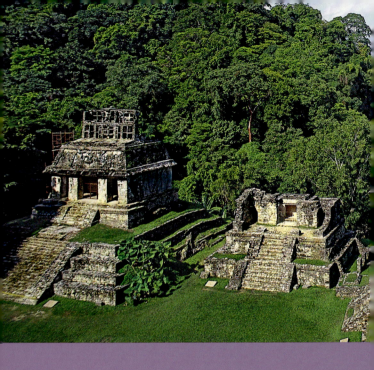

> SPANISCHE FESTUNG AM MEER

Urwaldstraßen führen zu einsamen Pyramiden, und auf der karibischen Seite bestaunt man tropische Tiere und Pflanzen

> Kein Ziel für Badetouristen: Die Westküste Yucatáns am Golf von Mexiko kann mit der Riviera Maya nicht konkurrieren. Die Naturstrände sind voller Treibgut und Tang, das Meer schimmert bräunlich grau. Ein – noch ungeschliffenes – touristisches Juwel besitzt der Bundesstaat Campeche hingegen mit der gleichnamigen Regionshauptstadt. Eine geruhsame Atmosphäre liegt über der Stadt, dem Verkehrsknotenpunkt der Region. Das Landesinnere war bis vor wenigen Jahren noch wegeloses Terrain, und inmitten des schwülen Dschungels liegen viele unerforschte archäologische Stätten.

Im Süden der Halbinsel Yucatán begegnet man nicht so häufig Touristen. Hier, an der Grenze zu Belize, geht deshalb das Leben der Bevölkerung seit Jahrzehnten ohne große Veränderungen zu. Nicht die USA und deren Besucher prägen den Alltag, sondern die mittelamerikani-

Bild: Palenque

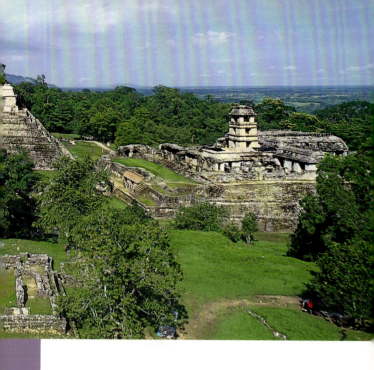

CAMPECHE & DER SÜDEN

schen Nachbarn. Diese Gegend ist ein Paradies für Besucher, die das unverfälschte Yucatán erleben wollen und nicht davor zurückschrecken, in einfachen *cabañas* zu übernachten. Sie ist auch ein Paradies für Tiere: An den Ufern des Río Hondo entlang der Grenze zu Belize leben noch immer Krokodile und *manatís,* die zutraulichen Seekühe. Von Chetumal aus lassen sich organisierte Ausflüge unternehmen. Per Kleinflugzeug oder per Bus und Boot gelangt man auf die *cayos,* kleine, der Küste vorgelagerte Karibikinseln.

CAMPECHE
[116 A5] „Campeches Straßen sind mexikanische Straßen, Campeche ist cool", heißt es bei der jungen Bevölkerung über die Stadt. Campeche (270 000 Ew.) ist anders als Cancún und Mérida. Hier kennt man weniger Touristen, ist des-

CAMPECHE

halb auch nicht in erster Linie an Dollars interessiert. Darüber hinaus besitzt Campeche prächtige Kolonialarchitektur und präkolumbische Stätten. schätzen die Bademöglichkeiten an den naturbelassenen Stränden und die günstige Infrastruktur. Für ausländische Reisegruppen ist Campeche oft nur Übernachtungsziel auf

Museo de las Estelas Mayas in Campeche: enorme Jademasken aus Calakmul

Die erste spanische Gründung auf der Halbinsel Yucatán (1540) gelangte durch Ausfuhr von Edelhölzern und *chicle* (Gummi) schnell zu Reichtum und wurde damit für lange Zeit Ziel von Piratenattacken. So ließ man 1704 die Stadt befestigen. Diese Bastionen *(baluartes)* und Mauern umgeben heute die Altstadt und beherbergen Museen, Kunsthandwerksgeschäfte, einen botanischen Garten, Läden und die Touristeninformation. 5 km südlich der Stadt liegt die *Playa Bonita,* der weitere Strände folgen. Doch hauptsächlich Einheimische dem Weg zu den bedeutenden Mayastätten. Eigentlich schade, denn die geruhsame und freundliche Atmosphäre lädt geradezu ein, auf Stadtspaziergängen die schönsten Plätze und Häuser zu entdecken.

■ SEHENSWERTES ■

CENTRO CULTURAL CASA NO. 6

Ein herrschaftlicher Wohnsitz aus dem 18. Jh., restauriert und mit passenden Möbeln ausgestattet, dient heute als Kulturzentrum. *Tgl. 9–21 Uhr | Eintritt frei | Calle 57 (zwischen Calle 8 und 10 an der Plaza)*

> *www.marcopolo.de/yucatan*

CAMPECHE & DER SÜDEN

CENTRO HISTÓRICO
Die Straßenzüge um den Parque Central bilden das historische Zentrum von Campeche mit spanischen Häuserreihen und ehrwürdigen Stadtpalästen. Hier schlendert man zu Fuß oder nimmt (im Winter) die Touristenbahn Tranvía. *Calles 51–65/ Calles 8–18*

MANSIÓN CARVAJAL
Der koloniale Stadtpalast besitzt eine reich verzierte Fassade, im Patio Galerien mit maurischen Bögen und Dekorationen aus Schmiedeeisen. Das mit Marmortreppen ausgestattete Bauwerk dient heute der Stadtverwaltung und einem Kunsthandwerksgeschäft. *Calle 10 Nr. 14 zwischen Calle 53 und 51*

MUSEO ARQUEOLÓGICO DE CAMPECHE
In elf Sälen des historischen Forts Fundstücke der Mayaepoche: Keramik, Figurinen sowie einige Stelen und Masken. *Di–So 9–19 Uhr | Reducto de San Miguel | Av. Escénica (3 km südlich des Zentrums)*

MUSEO DE LA CIUDAD
Ein Muss jeder Stadtbesichtigung ist das im Baluarte de San Carlos untergebrachte historische Museum. Die Exponate dokumentieren die Geschichte der Besiedlung am Golf von Mexiko, alte Fotografien geben Einblick in das Campeche zu Beginn des 20. Jhs. Ein weiterer Schwerpunkt widmet sich der Piratenepoche, in der Sir Francis Drake und Henry Morgan vor der Küste kreuzten, bereit zum Angriff mit Kanonen und Säbeln. *Di–Sa 9–20, So 9–13 Uhr | Baluarte de San Carlos | Calle 8/ Calle 63 (Circuito Baluartes)*

MUSEO DE LAS ESTELAS MAYAS PINA CHAN ★
Fundstücke aus dem Staat Campeche, u. a. 30 Steinskulpturen und Stelen (aus Edzná) der klassischen Mayaepoche, auch Jademasken und -schmuck aus Calakmul. *Di–So 9–20*

MARCO POLO HIGHLIGHTS

★ **Luz y Sonido**
Licht-und-Ton-Spiele auf den Bastionen von Campeche: historische Szenen in suggestivem Ambiente (Seite 83)

★ **Palenque**
Schon im Nachbarstaat Chiapas liegt die besterhaltene Mayastätte ganz Mexikos (Seite 85)

★ **Museo de las Estelas Mayas Pina Chan**
Steinskulpturen in der Festung von Campeche (Seite 81)

★ **Kohunlich**
Die größten Masken der gesamten Mayawelt (Seite 88)

★ **Calakmul**
Regenwald mit Pyramiden (Seite 84)

★ **Edzná**
Fünf Stockwerke im Dschungel, die es in sich haben (Seite 84)

★ **Sian Ka'an**
Geführte Touren durch das Biosphärenreservat (Seite 90)

CAMPECHE

Uhr | Baluarte Nuestra Señora de la Soledad | Calle 8/Calle 57 (Nordwestseite der Plaza Principal)

ESSEN & TRINKEN

Spezialitäten der Stadt sind das sogenannte *pan de cazón* (Haifischbrot), nämlich Tortillas mit scharf gewürztem Püree vom Hundshai, sowie *nac-cum* oder *huachinango* (Red Snapper) mit einer würzigen grünen Sauce.

CASA VIEJA
Insider Tipp
Über den Arkaden des Hauptplatzes wird mexikanische und karibische Küche serviert. Stets dabei: köstliche, scharf gewürzte Fischgerichte. *Calle 10 Nr. 319 (Ecke Calle 55) | Tel. 01981/811 80 16 | €*

LA PARROQUIA
Insider Tipp
Täglich zwei bis drei regionale Gerichte *(menú del día)*, schmackhaft und sehr preiswert. Die hohe Halle ist rund um die Uhr geöffnet. *Calle 55 Nr. 8 | Tel. 01981/816 25 30 | €*

LA PIGUA
Das beste Fischrestaurant der Stadt am Malecón serviert täglich frische Meeresfrüchte; köstlich sind die *camarones al coco*. *Calle 8 179 a (zwischen Calle 49 a und 49 b) | Tel. 01981/811 33 65 | €€€*

EINKAUFEN

Vor allem Hängematten und Panamahüte werden von Straßenhändlern günstig angeboten (ab ca. 8 Euro). Verschaffen Sie sich am besten zuvor

Im spanischen Kolonialstil präsentiert sich das historische Zentrum von Campeche

> **www.marcopolo.de/yucatan**

CAMPECHE & DER SÜDEN

einen Überblick in einem der vielen Kunsthandwerksgeschäfte in der Altstadt! Mayatrachten, handgemachte Puppen und andere traditionelle Handarbeiten werden täglich auf dem Markt vor dem Fuerte San Pedro und im Baluarte San Carlos verkauft.

ÜBERNACHTEN

AMÉRICA
Haus im Kolonialstil, Zimmer mit Bad, Ventilator, Telefon und TV. Mit Patio und Parkplatz, dazu zentrale Lage. *52 Zi. | Calle 10 Nr. 252 | Tel. 01981/816 45 88 | Fax 811 05 56 | www.hotelamericacampeche.com | €*

COLONIAL
Während der Kolonialzeit beherbergte das Haus den Statthalter des Königs. Einfache Zimmer mit Bad und Ventilator, gegen Aufpreis auch mit Klimaanlage, in zentraler Lage. Das beste Preis-Leistungs-Verhältnis der Stadt. *30 Zi. | Calle 14 Nr. 122 | Tel. 01981/816 22 22 | Fax 816 26 30 | €*

FRANCIS DRAKE
Koloniales Haus am Rand der historischen Altstadt, große und komfortable Zimmer; sehr empfehlenswert. *24 Zi. | Calle 12 Nr. 207 | Tel. 01981/ 811 56 26 | Fax 811 56 28 | www.hotelfrancisdrake.com | €€*

DEL PASEO
Neues Haus einen Block vom historischen Zentrum, komfortable Balkonzimmer mit Klimaanlage, verglaster Patio mit Restaurant. *48 Zi. | Calle 8 Nr. 215 | Tel. 01981/811 01 00 | Fax 811 00 97 | www.hoteldelpaseo.8k.com | €€*

AM ABEND

LUZ Y SONIDO ★
„Licht und Ton" heißt die Multimediashow, die die Geschichte Campeches seit der Gründung durch die Spanier bis heute wiedergibt. Besonders schön: Schauspieler stellen historische Szenen nach, und als Bühne fungieren ein altes Stadttor und die umliegenden Mauern. *Mo, Di, Fr, Sa 20.30 Uhr | Puerta de Tierra | Calle 18/Calle 59*

AUSKUNFT

Av. Adolfo Ruiz Cortines/Plaza Moch Couoh | Tel. 01981/811 92 55 | Fax 816 67 67 | www.campechetravel.com; im Baluarte San Pedro (Calle

> LOW BUDGET

> Ein Dachgarten mit Hängematten an der Plaza Principal von Campeche mit Blick auf deren Arkaden und die Kathedrale: Das *Monkey Hostel (Calle 57/Calle 10 | Tel. 01981/811 66 05 | www.hostalcampeche.com)* hat 40 Betten in Balkonzimmern für nicht einmal 5 Euro (Doppelzimmer gut 10 Euro).

> Musik, Volkstanz und Folklore erleben Sie in Campeche bei freiem Eintritt Mi–So um 19 Uhr an der Plaza Principal *(Festival Campechanísimo)* und Do ab 20.30 Uhr im Kulturzentrum Casa No. 6 in der Calle 57 an der Plaza.

> Mexikanische *serenatas* hört und sieht man gratis in verschiedenen Stadtteilen von Campeche: Di in San Román, Mi in Santa Ana, Do in Guadalupe und Fr vor den Arkaden von San Francisco (jeweils um 19 Uhr).

CAMPECHE

51/Circuito Baluartes); im Kulturzentrum Casa No. 6 | Tel. 01981/ 816 17 82

■ ZIELE IN DER UMGEBUNG ■
CALAKMUL ★ [122–123 C–D1–4]
Das Biosphärenreservat Calakmul liegt im Landesinneren an der Grenze zu Guatemala und bildet die größte zusammenhängende und geschützte Fläche tropischen Waldes in Mexiko. 3800 km² des Reservats sind als Naturschutzgebiet ausgewiesen. Ziel ist es, einer weiteren Entforstung entgegenzuwirken und die als Kleinbauern im Reservat lebenden Siedler mit ökologisch verträglichen Anbau- und Erntemethoden vertraut zu machen.

Während der Blütezeit der Maya war Calakmul – die archäologische Stätte liegt 60 km südlich der MEX 186 – das bevorzugte Siedlungsgebiet des präkolumbischen Volkes. Zur archäologischen Stätte von Calakmul gelangen nur wenige Besucher. Bislang wurden Hunderte von Baudenkmälern kartografiert, darunter die Ruine einer eindrucksvollen Pyramide. Die Stätte gehört zum Unesco-Welterbe. *Tgl. 7–18 Uhr*

EDZNÁ ★ [116 B5]
Inmitten der schwülheißen Buschlandschaft liegen 60 km südöstlich von Campeche die eindrucksvollen Mayaruinen von Edzná, mit dem Mietwagen von Campeche in einer Stunde zu erreichen. Die archäologische Stätte gehört zur Chenes-Region, einer Gegend, die einen besonders ornamentreichen Baustil der Maya aufweist. Andererseits finden sich in Edzná auch Bauwerke, die Elemente des Puuc-Stils zeigen. Den zentralen Platz beherrscht das *Edificio de los Cinco Pisos*, der Tempel der Fünf Stockwerke. Der gewaltige, 32 m hohe Bau liegt auf der zentralen Achse einer großen Akropolis. Die

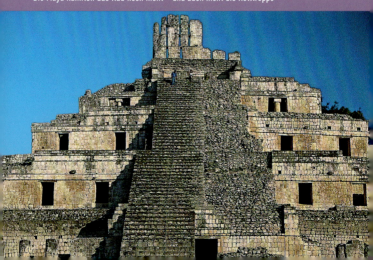
Treppe auf den 32 m hohen Tempel der Fünf Stockwerke in Edzná: Die Maya kannten das Rad noch nicht – und auch nicht die Rolltreppe

CAMPECHE & DER SÜDEN

einzelnen Geschosse beherbergen eine Reihe von Kammern und sind so angeordnet, dass das jeweilige Dach als Terrasse des folgenden Stockwerks dient. Überwölbte Gänge schmücken die Fluchten der breiten Treppen. Vermutlich beherbergten die Räume einst Priesterwohnungen.

An mehreren kleineren Tempeln wurden eindrucksvolle Stuckmasken freigelegt. Diese Masken, die einst auch die *crestería*, den Dachkamm des Tempels der Fünf Stockwerke, schmückten, gaben Edzná ihren Namen: „Haus der Masken". Die Wasserknappheit im heutigen Campeche stellte bereits für die Maya ein Problem dar. In Edzná, wo es keine *cenotes* gab, legten sie ein System von seichten Kanälen an, das sternförmig über viele Kilometer hinweg verlief und das während der Regenzeit fallende Wasser speicherte. *Tgl. 8–17 Uhr*

PALENQUE ⭐ [120 C5]

Mitten im Regenwald und schon zum an Yucatán angrenzenden Bundesstaat Chiapas gehörig, liegt rund 350 km südwestlich von Campeche an den Ausläufern des Usumacinta-Gebirges die geheimnisvolle Mayastätte Palenque *(tgl. 8–18 Uhr)*, die am besten erhaltene aller Mayaanlagen. Unmöglich zu sagen, was beeindruckender ist, die sich steil erhebenden Pyramiden mit den steingrauen Tempeln, deren älteste vor zwei Jahrtausenden erbaut wurden, oder der sie umgebende dichte Urwald.

Auf einer neunstufigen Pyramide steht der *Templo de las Inscripciones* (Tempel der Inschriften), das berühmteste Bauwerk der Stätte, vermutlich 692 n. Chr. errichtet. Im 20. Jh. entdeckte man bei Ausgrabungen einen mit Schutt angefüllten Gang in der Pyramide. Dieser führte im Inneren des Bauwerks nach unten bis unter die Erde in eine Grabkammer. In einem steinernen Sarkophag ruhten die Überreste des Priesterkönigs Pacal (615–683), des ersten großen Herrschers der Stätte, umgeben von Schmuck und angetan mit einer Jademaske. Der Tunneleingang befindet sich auf der obersten Plattform. Deutlich zu erkennen sind in einem Tempelraum auch die 617 Hieroglyphen, die dem Gebäude seinen Namen gaben.

Das größte Bauwerk Palenques ist der *Palacio*, ein beeindruckender Komplex von 103 m Länge und 73 m Breite, zusammengesetzt aus unterschiedlichen Gebäudegruppen. Stufen führen auf allen Seiten zu diversen Plattformen, zu Innenhöfen und kleineren Tempeln. Auffällig ist ein 15 m hoher Turm mit vier Stockwerken. Das *Observatorium* genannte Bauwerk soll den Mayaastronomen zur Beobachtung der Sterne gedient haben.

Überquert man im Zentrum den Fluss Otulum, gelangt man unmittelbar auf der anderen Seite zu einer kleinen Plaza mit drei Tempeln. Der *Templo del Sol*, der auf fünf Terrassen thront, besitzt ein Relief mit dem Symbol des Sonnengottes. Eine gut erhaltene *crestería* – ein durchbrochener Dachaufbau, häufiges dekoratives Element der Bauwerke – ziert das Gebäude.

Wegen der gewaltigen Ausdehnung der Stätte konnte bisher nur ein kleiner Teil freigelegt werden. Nörd-

CHETUMAL

lich des Zentrums gelangen Sie durch dichte Vegetation zur *Gruppe C,* die gegenwärtig von Archäologen untersucht wird. **Insider Tipp** Hier sind Sie fast allein; die Wege führen durch dichten

Steile Pyramiden, umgeben von dichtem Urwald: Palenque

Dschungel, aus dem helle Pyramiden und Tempel herausragen.

Etwa 2 km vor der archäologischen Stätte liegt das moderne *Museum* (mit Bibliothek, Cafeteria, Souvenirshop), das mit einem Modell der Anlage einen ersten Überblick gibt und Ausgrabungsfunde zeigt.

Besucher wohnen in der gleichnamigen, etwa 8 km entfernten Stadt Palenque oder in einem der zahlreichen stimmungsvollen Hotels an der Straße zwischen der Ortschaft und der archäologischen Stätte. Zur Übernachtung empfiehlt sich das *Maya Tulipanes (72 Zi. | La Cañada 6 | Tel. 01916/345 02 01 | Fax 345 10 04 | www.mayatulipanes.com.mx | €€)* im grünen und ruhigen Stadtteil La Cañada westlich des Zentrums. Abseits vom Lärm und Staub der quirligen und schwülen Ortschaft genießen Sie hier den schattigen Garten, einen Pool, Zimmer mit Klimaanlage und ein vorzügliches Restaurant. Vom Dorf verkehren ständig Kleinbusse zur archäologischen Stätte.

Palenque erreichen Sie außer von Campeche auch per Flug oder Busfahrt von Cancún, Playa del Carmen, Chetumal und Mérida.

CHETUMAL

[124 C3] **Chetumal, die Hauptstadt (140 000 Ew.) des Bundesstaats Quintana Roo, liegt am Meer.** Entlang dem Ufer verläuft eine viel befahrene, breite Straße; Touristen sieht man kaum in der Stadt. Erst auf den zweiten Blick entdeckt man ruhige Wohnstraßen mit Reihen von Holzhäusern im Kolonialstil und großen Flamboyantbäumen in den Gärten, die so typisch sind für die Karibik. Die meisten Gebäude sind jedoch neueren Datums, da in den Vierziger- und Fünfzigerjahren Hurrikans die Stadt heimsuchten. Entlang der breiten, im Schachbrettmuster angelegten Straßen im Zentrum liegen moderne Hotels, Restaurants und zahlreiche Geschäfte. Verlässt man die Hafengegend, dann sieht man bald Fischerboote am Strand liegen. Viel zu sehen gibt es in der Stadt nicht. Sie dient Touristen vor allem als Durchgangsstation auf

> *www.marcopolo.de/yucatan*

CAMPECHE & DER SÜDEN

dem Weg nach Belize und als Ausgangspunkt für die in der Nähe gelegenen archäologischen Stätten und Naturschönheiten.

■ SEHENSWERTES

MUSEO DE LA CULTURA MAYA *(Insider Tipp)*

In acht Abteilungen werden die Entwicklung der Mayakultur in Mittelamerika, Modelle architektonischer Glanzleistungen und archäologische Fundstücke gezeigt. Mit Einführung in die Astronomie und Mathematik der Maya sowie interaktiven Programmen. *Di–So 9–19 Uhr | Av. Héroes/Mahatma Gandhi*

■ ESSEN & TRINKEN

ARRACHERAS DE DON JOSÉ

Bei einer Piña Colada sitzt man unter Sonnenschirmen auf der Terrasse. Rindfleischtacos *(de arrachera)* sind die Spezialität des Hauses, ebenfalls lecker ist die frisch gemachte Guacamole. Nur abends geöffnet. *Bulevar Bahía 62 | Tel. 01983/832 88 95 | €€*

EL FENICIO

Mexikanische Küche, spezialisiert auf *pollo*. Üppiges Frühstück, rund um die Uhr geöffnet. *Av. Héroes 74/Zaragoza | Tel. 01983/832 00 26 | €*

TERANGA

Spezialitäten sind exotische Fischgerichte, Lammfleisch in scharfer Sauce sowie Wachteln. *Av. San Salvador 441/Sicilia | Tel. 01983/832 55 40 | €€*

■ EINKAUFEN

Chetumal ist Freihandelszone, Luxus-, Marken- und Elektronikartikel sind daher besonders preiswert zu haben.

■ ÜBERNACHTEN

MARÍA DOLORES

Einfache Zimmer mit Ventilator, kleines Restaurant vorhanden, eigener Parkplatz. *41 Zi. | Alvaro Obregón 206 | Tel. 01983/832 05 08 | Fax 832 63 80 | €*

MARLON

Zimmer mit Klimaanlage, TV und Bad, kleiner Pool und Restaurant. *50 Zi. | Av. Juárez 87 | Tel. 01983/832 94 11 | Fax 832 65 55 | €€*

SUITES ARGES

Das gepflegte Haus besitzt leider keinen Pool, dafür ein gutes und beliebtes Restaurant. *37 Zi. und Suiten | Av. Lázaro Cárdenas 212 | Tel. 01983/832 95 25 | Fax 832 94 14 | www.hotelarges.com | €€€*

■ STRÄNDE

PLAYA DE CALDERITAS

Die nächsten Strände liegen nördlich außerhalb der Stadt. Calderitas mit vielfältigem Wassersportangebot ist dicht beschattet und lang gestreckt, es entsteht trotz seiner Beliebtheit kein Gedrängel. Vogelliebhaber finden hier Reiher, Pelikane und andere Spezies.

■ AUSKUNFT

Calzada del Centenario 622 | Colonia del Bosque | Tel. 01983/835 08 60 | Fax 835 08 80 | www.chetumal.com

■ ZIELE IN DER UMGEBUNG

BECÁN UND RÍO-BEC-ZONE [123 D3] *(Insider Tipp)*

An der MEX 186 liegt auf halber Strecke zwischen Karibik und dem Golf von Mexiko (rund 130 km westlich von Chetumal) die Río-Bec-Zo-

CHETUMAL

ne der Maya mit rund 20 archäologischen Stätten. Es wird angenommen, dass die Zone von 2000 v. Chr. bis 1200 n. Chr. besiedelt war und die meisten der heutigen Bauwerke ab ca. 600 errichtet wurden.

Die bedeutendste archäologische Stätte am Río Bec ist *Becán (tgl. 8 bis 17 Uhr)*, in den Dreißigerjahren entdeckt. An der *Akrópolis* erheben sich zwei 25 m hohe Pyramiden, die eher wie Türme aussehen und deren Ecken abgerundet sind. Zwischen ihnen liegt ein lang gestrecktes, einstöckiges Gebäude mit einem Eingang, von einem Erdmonster oder Erdgott dekoriert, dessen Pranke gut zu erkennen ist. Drei Plazas mit ca. 20 Gebäuden sind von Bäumen umgeben, in einer liegt ein niedriger Altar. Im *Gebäude VIII* finden sich zehn Tunnel ohne Licht und Luftzirkulation, deren Gewölbe sich 10 m hoch erstrecken. *Gebäude X* enthält eine hölzerne Oberschwelle, die auf das Jahr 600 datiert wird. Die gesamte Anlage wird von einem gewaltigen Wasserreservoir umgeben, 1500 m lang, 5 m tief und 15 m breit.

2 km südöstlich von Becán liegt *Chicanná (tgl. 8–17 Uhr)*. Kunsthistorisch interessierte Besucher kommen hauptsächlich wegen der *Casa de la Boca de la Serpiente* (dem Haus des Schlangenmauls), gelegen an der Ostseite der Hauptplaza (Gebäude II). Das Bauwerk ist sehr gut erhalten und zeigt an seiner Westseite die aufwendigste Maskendekoration der Río-Bec-Region: Der Tempeleingang stellt das geöffnete Maul eines schlangenähnlichen Monsters dar, das vermutlich Itzamná, den Gott der Schöpfung, repräsentieren soll.

CENOTE AZUL [124 B3] *Insi Tip*

Etwa 8 km nach dem südlichen Beginn der Laguna de Bacalar (rund 35 km nordwestlich von Chetumal) liegt – mit der Lagune unterirdisch verbunden – der Cenote Azul. Die „blaue Wassergrotte" ist umgeben von dichter tropischer Vegetation (viele Stechmücken!). 185 m im Durchmesser und 80 m tief, bietet sie abenteuerliche Schnorchel-, Tauch- und Schwimmgelegenheiten. Sie ist ein viel besuchter Freizeitsee geworden, ein Restaurant ist vorhanden. *Tgl. 8–20 Uhr*

KOHUNLICH ★ [124 B3-4]

Das ehemalige Zeremonialzentrum der Maya rund 70 km westlich von Chetumal war von 300 bis 1100 besiedelt und ist noch weitgehend unerforscht. Ausgrabungen brachten zwei

Kohunlich: Stelen und Masken der Maya

CAMPECHE & DER SÜDEN

Laguna de Bacalar: In sieben Braun-, Blau- und Grüntönen schimmern die Wasser der Lagune

außergewöhnlich große Masken von 2 m Höhe zu Tage, die, als Dekoration in eine Seite des Haupttempels *Templo des las Mascarones* („Tempel der Masken") integriert und gut erhalten, menschliche Gesichtszüge tragen. Bei genauerem Hinsehen entdeckt man Farbreste (schwarz, rot, weiß) in den Vertiefungen der Steine. Es wird vermutet, dass es sich um Kinich Ahau, den Mayagott der Sonne, handelt. Auf der *Plaza de las Estelas* wurden mehrere Stelen gefunden, der Ballspielplatz muss noch restauriert werden. Man entdeckte ein ausgeklügeltes Bewässerungssystem aus Zisternen und Kanälen, die das Nass zu Feldern und Gärten der Umgebung leiteten. *Tgl. 8–17 Uhr*

LAGUNA DE BACALAR [124 B–C3]

Die zwischen der Bahía de Chetumal und der MEX 307 gelegene Laguna Bacalar schimmert 50 km lang in Türkis, Aquamarin und Beige, je nach Sonnenstand, und das Grün des Dschungels spiegelt sich im Wasser; sie wird deshalb auch *Las Lagunas de Siete Colores* („Lagunen der Sieben Farben") genannt. Bereits 435 gründeten die Maya am Westufer der Lagune (38 km nordwestlich des heutigen Chetumal) die Siedlung Bacalar („von Schilfrohr umgeben"). Ein Jahrtausend später eroberten die Spanier die Region und gründeten 1544 Villa Salamanca de Bacalar. Da Piratenangriffe nicht ausblieben, errichtete man zum Schutz der prosperierenden Ortschaft 1728 das Hügelfort ❋ *Fuerte San Felipe,* umgeben von einem 4 m tiefen Graben. Heute enthält es ein kleines Geschichtsmuseum, das *Museo Regional de Bacalar Fuerte San Felipe (Di–So 11–19 Uhr).* **Insider Tipp** Es zeigt in einem Saal Fundstücke aus der präkolumbischen Epoche, teilweise aus der Lagune geborgen, und koloniale Exponate. In den Gärten veranstalten Einheimische am Wochenende Picknicks.

Das schöne ❋ *Restaurant Aluxes* **Insider Tipp** *(Costera Bacalar 79 | Tel. 01983/ 834 28 17 | €€)* direkt am Wasser serviert mexikanische Küche, darunter lokale Fischspezialitäten. Besitzer Jaime bietet den Gästen auch Schlauchbootfahrten auf der Lagune.

SIAN KA'AN

SIAN KA'AN

[119 D–E5–6] ★ **Südlich von Tulum beginnt das Naturschutzgebiet Sian Ka'an („Geburt des Himmels"), seit 1987 als Reserva de la Biósfera unter dem Schutz der Unesco.** Von insgesamt 5250 km² des Parks entfallen 1200 km² auf zwei Buchten mit Anlagen für die Hummerzucht. Ein 110 km langes Korallenriff erstreckt sich vor dem Biosphärenreservat. Die Besonderheit von Sian Ka'an ist seine enorme Vielfalt: Man findet tropischen Dschungel und Mangrovesümpfe, Salzflächen und 27 präkolumbische Ruinen, außerdem zwei Dutzend karibische Traumstrände. Fauna und Flora sind ausgesprochen artenreich: Bisher wurden 1200 Pflanzenarten identifiziert und allein 345 Vogelarten. Unter den 70 Säugetierarten befinden sich Rehe, Seekühe und Jaguare; auch Meeresschildkröten und Krokodile leben im Reservat.

Das weitgehend wegelose Naturparadies wird erschlossen vom Camino Boca Paila, der von Norden (Tulum) bis Punta Allen (60 km) am Ende einer Landspitze zwischen dem Meer und der Laguna Campechén verläuft. Rustikale Unterkünfte *(cabinas)* liegen an der Schotterstraße. In Punta Allen werden Bootsausflüge in die abseits gelegenen und nur über das Wasser zu erreichenden Lagunen zur Beobachtung der Tierwelt angeboten. Ein weiterer Zugang führt 60 km südlich von Tulum bei Chumpón durch das Naturschutzgebiet bis Vigía Chico. Für Ausflüge nach Sian Ka'an braucht man ein eigenes Auto; allerdings lassen sich auch organisierte Ausflüge ab Cancún unternehmen.

■ ZIELE IN SIAN KA'AN

CHUNYAXCHÉ UND MUYIL

Die Laguna Chunyaxché liegt ganz im Norden des Naturreservats südlich von Tulum. An ihrer Nordseite erstreckt sich auf einem Felsrücken die gleichnamige *archäologische Stätte (tgl. 8–16 Uhr),* der „Ort der Kaninchen". Sie war ab dem 1. Jh. v. Chr. bis zur Ankunft der Spanier besiedelt. Eine *sacbé* führt 500 m vom Zentrum der Anlage zum Ufer der kleineren, nordwestlich neben der Laguna Chunyaxché liegenden Laguna Muyil. Sie wird von

> MORDIDA

Wo ist die Grenze zwischen Gefälligkeit und Bestechung?

Der US-amerikanische Schriftsteller William S. Burroughs beschreibt in seinem Bericht „City of Fun" über seinen Aufenthalt in Mexiko Ende der Vierzigerjahre das Phänomen der *mordida,* wie in Mexiko Bestechung genannt wird: „Jeder Beamte ließ sich bestechen. Die *mordida* herrschte uneingeschränkt, und eine Pyramide von Bestechungsgeldern reichte vom Streifenpolizisten bis hinauf zum Presidente." Touristen bekommen vom *mordida*-System kaum etwas mit. Dennoch erfährt jeder Besucher: Mit kleinen Geldgeschenken kommt man in allen Bereichen des öffentlichen Lebens schnell und unkompliziert weiter, öffnen sich Türen, die ansonsten verschlossen bleiben.

CAMPECHE & DER SÜDEN

Das Fischernest Punta Allen liegt am Ende einer Landzunge in der Karibik

sechs Ruinen aus der postklassischen Mayaepoche gesäumt. Unter ihnen befindet sich das 21 m hohe *El Castillo,* das einen in der Mayaarchitektur seltenen gerundeten Turm besitzt, vielleicht ein Observatorium.

Die Laguna Muyil ist durch einen bereits von den Maya geschaffenen Kanal mit der Laguna Chunyaxché verbunden, sodass die archäologische Stätte auch per Boot von Boca Paila und Punta Allen zu erreichen ist.

PUNTA ALLEN

Das Küstendorf ist von Tulum aus auf einer Naturstraße (60 km) mit dem PKW zu erreichen. Unterwegs passiert man nach 25 km die Siedlung ▶▶ *Boca Paila.* Dort befinden sich Bungalows am Strand, beliebt vor allem bei US-amerikanischen Hochseeanglern. Auf einer schmalen Halbinsel zwischen dem Karibischen Meer und der Lagune Muyil ist man hier umgeben von weitgehend unberührter Natur.

Das fast verträumte Punta Allen (800 Ew.) liegt mit einem Leuchtturm und einer Marinestation ganz am Ende der Landzunge vor der Bahía de la Ascensión: ein einsames karibisches Fischernest, dessen Bewohner vornehmlich von der Hummerzucht leben. Mit einem Dutzend einfacher Gästehäuser und einigen Fischrestaurants erwartet man den Tourismus, doch finden bislang nicht viele den Weg von Cancún hierher. Man kann sich von einem Fischer mit auf Hummerfang nehmen lassen oder eine Tour in die Buchten und Verstecke der Laguna Boca Paila oder nach Vigía Chico vereinbaren. Einige Geschäfte vermieten Ausrüstung für Wassersport (Boote, Surfbretter).

VIGÍA CHICO

Von Felipe Carrillo Puerto führt eine Piste 55 km in nordöstlicher Richtung durch den dichten Wald von Sian Ka'an mit artenreicher Vogelwelt nach Vigía Chico, einem ehemaligen Fischerdorf an der Bahía de la Ascensión. Reizvoll ist ein Bummel durch das seit dem Hurrikan von 1988 nicht mehr bewohnte Geisterdorf.

> STRANDBUCHTEN, NATUR UND MAYATEMPEL

Drei Tourenvorschläge, die Sie die ganze Vielfalt Yucatáns erleben lassen

Die Touren sind auf dem hinteren Umschlag und im Reiseatlas grün markiert

1 VON DER RIVIERA MAYA NACH CHETUMAL

Schon an der Stadtgrenze von Cancún beginnt der mexikanische Alltag. Schmale Stichstraßen und Schotterwege zweigen von der MEX 307 ab durch Trocken- und Buschwald zu bekannten Badeorten wie verschwiegenen Buchten. In Tulum erreichen Sie eine Tempelstätte in spektakulärer Lage auf der Klippenküste. Unweit davon liegt im Dschungel Cobá, einer der größten Stadtstaaten der Maya. Und entlang der Straße liegen Mayaruinen versteckt im Busch, bisher auf keiner Karte verzeichnet. Das Biosphärenreservat Sian Ka'an steht unter Unesco-Schutz, und in Chetumal ist schließlich die Grenze zu Belize erreicht. Von Cancún nach Chetumal sind es 375 km, mit Abstecher nach Cobá 100 km mehr. Mit drei bis vier Übernachtungen in Playa del Carmen, bei Tulum, in Sian Ka'an und an der Laguna Bacalar kann die Tour durchaus fünf Tage dauern.

Bild: Strand von Boca Paila

AUSFLÜGE & TOUREN

Sie verlassen **Cancún** *(S. 31)* auf der vierspurigen MEX 307 gen Süden, passieren den Flughafen und erreichen nach 35 km **Crococun** *(www.crococunzoo.com)*. Der 30 000 m² große, private Ökopark umfasst eine Krokodilstation, ein Schlangenrevier sowie Tukane, Papageien, Affen und Rehwild. Nur 1 km weiter kommen Sie nach **Puerto Morelos,** einst ein kleiner Fischerort, der sich jedoch zunehmend mit größeren Hotels für Pauschalurlauber ausweitet. Das vorgelagerte Korallenriff lockt vor allem Taucher.

Wenig später erreichen Sie **Playa del Carmen** *(S. 47)*. Hier ist die Auswahl an Unterkünften groß, und die Insel Cozumel kann in einem Tagesausflug besucht werden. 5 km südlich lohnt der Erlebnispark **Xcaret** *(S. 103)* einen ganztägigen Besuch.

Puerto Aventuras *(S. 51)* liegt rund 100 km südlich von Cancún und dehnt sich mit Hotels und Apartmentanlagen schnell aus.

Ein paar Kilometer weiter erstreckt sich in einer vom Korallenriff geschützten Bucht der Schildkrötenstrand von Akumal. Es gibt preiswerte Unterkünfte und Restaurants, und Besucher können Fahrräder und Wassersportausrüstung mieten. Unterkunft im Club Akumal Caribe (Tel. 01984/875 90 10 | Fax 875 90 11 | www.hotelakumalcaribe.com | €€) mit 61 Zimmern in unterschiedlichen Häusern am Strand, zwei Restaurants und Tauchzentrum. 3 km landeinwärts liegen die Höhlen von Aktun Chen. Die Grotte stand einst unter Wasser, sodass man Muscheln und Fischfossilien in den Kalksteinwänden entdeckt. Unter Wasser sieht man exotische Gesteinsformationen sowie zahlreiche Stalagmiten und Stalaktiten.

120 km südlich von Cancún erreichen Sie den Ökopark Xel-Ha (S. 53). Von dort sind es nur noch 10 km bis zur archäologischen Stätte Tulum (S. 51). Da südlich von Tulum an der Küstenstraße nach Boca Paila diverse Unterkünfte am Strand liegen, lassen sich von dort aus gut die archäologische Stätte, die Ruinenstadt Cobá (S. 50) und ein Teil des Biosphärenreservats Sian Ka'an (S. 90) besuchen.

Landeinwärts führt die MEX 307 am Westrand von Sian Ka'an entlang und über die Kleinstadt Felipe Carrillo Puerto nach Chetumal. Dabei verläuft die Straße über 50 km entlang der Laguna de Bacalar (S. 89). Hier finden Sie zur Übernachtung rustikale Lodges in tropischer Umgebung. Von Bacalar sind es dann noch rund 40 km bis zum Grenzort Chetumal (S. 86).

2 VON MÉRIDA NACH CAMPECHE

Zwischen diesen zwei höchst unterschiedlichen, aber gleichermaßen reizvollen Kolonialstädten liegen diverse archäologische Stätten der Maya, die verschiedenen Epochen und Stilen zugeordnet werden. Kunstvoll dekorierte Paläste, mehrfach überbaute Tempel und eindrucksvolle Pyramiden können Interessierte mehrere Tage aufhalten, obwohl die Gesamtstrecke nur 200–250 km beträgt, je nach Abstechern. Übernachtungen bieten sich in Uxmal und Campeche an.

Sie verlassen Mérida (S. 66) auf der MEX 180 Richtung Südwesten. Nach 16 km zweigt in Umán in südlicher Richtung die Straße nach Uxmal ab. Auf dieser erreichen Sie zunächst Yaxcopoil, wo eine prächtige Sisalhacienda in ein Museum der Henequén-Ära (Mo–Sa 8–18, So 8–13 Uhr | www.yaxcopoil.com) verwandelt wurde. 100 km² Anbaufläche schufen im 19. Jh. unvorstellbaren Reichtum, den die alten Bauwerke noch immer ausstrahlen. Fast schnurgerade führt die Straße weiter durch niedrige Buschlandschaft über Muna nach Uxmal (S. 75).

Am nächsten Morgen beginnt eine kleine Rundreise durch die Puuc-Region. 30 km südlich von Uxmal liegt Kabáh (S. 72), in Abständen von jeweils wenigen Kilometern in östlicher Richtung folgen Sayil (S. 75), Xlapak und Labná (S. 73), kleinere archäologische Stätten, die die hohe Architektur- und Dekorationskunst der Maya widerspiegeln. Auch die Besichtigung der östlich gelegenen Höhle von Loltún (S. 73) ist von hier aus gut möglich.

> www.marcopolo.de/yucatan

AUSFLÜGE & TOUREN

60 km südlich von Kabáh erreichen Sie die archäologische Stätte **Hopelchén** („Fünf Brunnen") an der MEX 261. Von Hopelchén sind es dann noch 85 km bis **Campeche** *(S. 79)*, sofern Sie nicht noch den 15-km-Abstecher nach **Edzná** *(S.84)* machen wollen.

250 Masken des Regengotts schmücken die Codz-Pop-Fassade in Kabáh

3 DIE ROUTE DER KLÖSTER

„La Ruta de los Conventos" ist eine 250-km-Rundreise südlich von Mérida. Dabei treffen Sie nicht nur auf ein Dutzend Klöster der Franziskaner und auf koloniale Prachtbauten des 16. und 17. Jhs., sondern auch auf archäologische Stätten der prähispanischen Zeit und indianische Dörfer mit vielfältiger Folklore. Die Reise lässt sich zwar theoretisch an einem Tag bewältigen, aber das ist nicht empfehlenswert. Sie sollten unterwegs übernachten, zum Beispiel bei der archäologischen Stätte Uxmal, und sich zwei bis drei Tage Zeit nehmen.

Südöstlich von Mérida ist nach gut 20 km auf der YUC 18 **Acanceh** erreicht. In der Mitte der kleinen Ortschaft liegt die **Plaza de las Culturas**, so genannt, weil eine präkolumbische Pyramide, eine spanische Kirche aus dem 16. Jh. und moderne Gebäude den Platz umgeben. 8 km weiter erreichen Sie **Tecoh**. Der **Templo Ex-Convento de la Virgen de la Asunción** ruht auf einem Hügel, unter dem sich möglicherweise eine präkolumbische Pyramide verbirgt.

12 km südlich liegt in **Telchaquillo** eine eher bescheidene Franziskanerkirche, deren Fassade farbige Einlagen (Inkrustationen) mit von Mayahandwerkern gefertigten Natursteinen zeigt. Über **Tekit** (20 km weiter) mit seiner Klosterkirche **San Antonio de Padua** aus dem 16. Jh. erreichen Sie **Mama**. Die dortige Klosterkirche **Iglesia de la Asunción** der Franziskaner besitzt einen besonders schönen Glockenturm und ein bezauberndes Atrium. Der Eingang ist von fein bearbeiteten Steinen mit floralen Motiven umgeben.

Im nächsten Ort, **Chumayel**, wurde ein Exemplar des Chilam Balam, der „Bibel der Maya", gefunden. Es wird in der kleinen Klosterkirche der Franziskaner aus dem 16. Jh. aufbewahrt. Bei **Oxkutzcab** mit seiner schattigen Plaza und seinem bunten Obstmarkt haben Sie dann den südlichsten Punkt der Rundreise erreicht. Die Rückreise führt über **Ticul** und **Uxmal** *(S. 75)*, wo sich eine Übernachtung anbietet, zurück nach Mérida.

EIN TAG AN DER RIVIERA MAYA
Action pur und einmalige Erlebnisse.
Gehen Sie auf Tour mit unserem Szene-Scout

SÜSSES MIT AUSBLICK
9:00
Im *El Café de la Nader* holen sich Frühaufsteher mit Milchkaffee und süßen Hörnchen die Power für den Tag. Einfach unter dem Vordach Platz nehmen und das lebendige Treiben beobachten. **WO?** *Av. Nader 5, Super Manzana 5 | Cancún | Tel. 01998/884 15 84*

LAGUNENKITEN
10:30
Action gefällig? Etwas nördlich von Cancún heißt es rauf aufs Board und den Drachen richtig festhalten! Bei der rasanten Fahrt durch die Chacmochuch-Lagune kommen Wasserratten voll auf ihre Kosten. **WO?** *Ikarus Cancun Kite Center | Playa Mujeres Resort | Anmeldung unter Tel. 01984/803 34 90 | Kosten: 75 US-$/Std. | www.kiteboardmexico.com*

EARLY LUNCH
12:00
Auf der Terrasse des Restaurants *Captain's Cove* serviert der Küchenchef tropische Gerichte mit Blick auf den Yachthafen. Jedoch sollten Träumer hier nicht nur den Schiffen am Horizont nachsehen, denn *camarón y pollo tropical*, gebratene Shrimps und gegrillte Hühnerbrust mit Ananas-Mango-Salat, sind ein Genuss. **WO?** *Paseo Kukulcán km 16,5 | Cancún | Tel. 01984/885 00 16 | www.captainscoverestaurant.com*

CROCODILE-DUNDEE-FEELING
13:30
Nur Mut! Der Guide des *Crococun Zoo* führt Naturfans durch das Jagdgebiet einheimischer Urreptilien. Hautnah – ohne Absperrung – geht es auf der lehrreichen Tour vorbei an Krokodilen. Keine Angst, die Tiere werden regelmäßig gefüttert! **WO?** *Carretera Cancún-Tulúm km 31 | Puerto Morelos | Anmeldung unter Tel. 01998/850 37 19 | Kosten: 20 US-$ | www.crococunzoo.com*

24 h

SANDIGER AUSRITT
15:00

Hoch zu Ross trabt man auf den Pferden der *Rancho Punta Venado* an den Strand der Riviera Maya. Der sandige Untergrund und die Gischt des Meers versprechen ein ganz neues Reitgefühl. **WO?** *Carretera Cancún–Tulúm km 278* | Anmeldung unter Tel. 01998/887 11 91 | Kosten: 60 US-$ | www.puntavenado.com

17:00 ### LUXUS-APERITIF

Nach so viel Action und Sport tut etwas Entspannung gut! Über den Dächern von Playa del Carmen genießen die Gäste der *Deseo Lounge* auf einem der stylishen Daybeds den ersten Cocktail des Abends. **WO?** *Im Deseo Hotel* | *5a Av./Calle 12* | Tel. 01984/879 36 20 | www.hoteldeseo.com

INSELTRIP FÜR GOURMETS
18:00

Eine Dinner-Cruise auf eigene Faust führt Feinschmecker auf die Insel Cozumel. Das Restaurant *Casa Mission* verspricht ein romantisches Dinner in Haciendaatmosphäre. In der riesigen Gartenanlage wartet Fabiola Miranda Morales, z. B. mit typisch mexikanischen *fajitas*. **WO?** *Av. 55* | Tel. 01987/872 16 41 | www.missioncoz.com | Fähre: Kosten ca. 10-US-$/Fahrt | www.granpuerto.com.mx

23:00 ### SALSA-RHYTHMEN

Zurück in Playa del Carmen, heißt es Taktgefühl beweisen. Im *Mambo Café* sorgen Livebands mit heißen Latin-Rhythmen für die richtige Stimmung. Also rauf auf die Tanzfläche und Samba till the break of dawn! **WO?** *Calle 6* | Tel. 01984/803 26 56 | www.mambocafe.com.mx

> UNTERWASSERHÖHLEN UND KORALLENRIFFE

Für Taucher und Schnorchler ist Yucatán ein Traumziel. Daneben locken Strandritte, Dschungeltouren und Golfplätze

> Mit seinen prächtigen Stränden vor allem auf der Karibikseite ist Yucatán ein Paradies für Wassersportfreunde. Ob Windsurfen, Segeln, Schwimmen, Schnorcheln oder Tauchen – das Angebot ist riesengroß.

Oft bieten die Strandhotels ihren Gästen kostenlose Einführungen ins Surfen und Tauchen. Aber auch an Land gibt es zwischen Golfplatz und Ökopark viel zu unternehmen und zu erleben.

Bild: Taucher in einem *cenote*

ANGELN

Die Halbinsel Yucatán ist umgeben von den fischreichen Wassern der Karibischen See und des Golfs von Mexiko. Da man ein Boot und auch die Ausrüstung benötigt, sind Angler jedoch auf Anbieter angewiesen. Vor allem in Cancún, Playa del Carmen, Chetumal und in Campeche ist das Angebot groß, aber auch in vielen kleineren Strandorten werden Sie fündig.

SPORT & AKTIVITÄTEN

DSCHUNGELTOUREN & NATUREXKURSIONEN

AMTAVE (Asociación Mexicana de Turismo de Aventura y Ecoturismo) ist ein Zusammenschluss rund 50 kleinerer Veranstalter für Natur- und Erlebnisreisen *(Cancún | Av. Camarón 32 | Tel. 01998/884 95 80 | Fax 884 36 67 | www.amtave.com)*. Eine engagierte und zuverlässige Organisation ist *Ecoturismo Yucatán (Mérida | Calle 3 Nr. 235 | Tel. 01999/ 920 27 72 | Fax 925 90 47 | www.ecoyuc.com)*. Angeboten werden u. a. Dschungeltouren in Kombination mit dem Besuch von archäologischen Stätten, Höhlen und *cenotes*. Sieben Mayagemeinden aus Quintana Roo veranstalten als gemeinnützige Organisation „Puerta Verde" ==Dschungel- und Meerestouren, deren Erlös ihnen selbst zufließt.== **Insider Tipp** Mehr als 20 verschiedene Aktivitäten, vom Tagestrip bis zur Viertagetour, werden angeboten, darunter Vogelbeobachtung, Tauchen, Schnorcheln, Höhlen- und Kajaktouren, Dschungelcamps. Fahrten werden von Cancún und der Riviera Maya aus organisiert. *Tel. 01998/ 884 04 87 | www.puertaverde.com.mx*

GOLF

Angesichts des heißen Klimas stellen 9-Loch-Plätze in Yucatán keine Seltenheit dar; selbst Spieler mit Handicap weichen hier gern auf kleinere Plätze aus. Ein Dutzend Plätze locken in Cancún und an der Riviera Maya. Der *Pok-Ta-Pok-Platz* in Cancún besitzt als Hindernis sogar Reste einer Mayapyramide. Die Hotels reservieren Abschlagzeiten. Informationen im Internet: *www.cancun.com/ golf*

Pok Ta Pok in Cancún: putten zwischen Resten einer Mayapyramide

HÖHLEN- & GROTTENTAUCHEN

Die *cenotes* sind sogenannte Dolinen (Einbrüche) in der yucatekischen Kalksteindecke, die Zugang zu gefluteten Höhlen, Grotten, Gängen und unterirdischen Flüssen erlauben. Hunderte dieser Dolinen – davon 100 zugänglich – verbinden mehr als 50 Höhlensysteme miteinander – mit insgesamt 400 km Tauchpassagen. Das Tauchen ohne Tageslicht ist erfahrenen Sportlern vorbehalten. Während im Eingangsbereich noch mit jedem gängigen Zertifikat getaucht werden kann, sind Höhlentauchgänge *(cavern dive)* nur mit Spezialausbildung möglich. Außerdem empfiehlt es sich, immer mit professionellen Guides und stets entlang der Führungslinie zu tauchen.

Die beliebtesten Tauchhöhlen sind *Gran Cenote* (5 km westlich von Tulum Richtung Cobá), *Casa Cenote* (10 km nördlich von Tulum Richtung Akumal) und *Dos Ojos* an der MEX 307 bei Akumal.

REITEN

Am Strand oder durch den Dschungel – die im Western Style mit bequemen Sätteln gerittenen Pferde haben eine Engelsgeduld; sie stehen zum Beispiel am Nordstrand von Playa del Carmen. Ein empfehlenswerter Reitstall ist *Rancho Loma Bonita (MEX 307 km 41,5 | Tel. 01998/ 887 54 23 | Fax 887 17 08 | www. rancholomabonita.com).*

SCHNORCHELN

Rund um die Halbinsel wird geschnorchelt, besonders gut eignen sich der *Parque Natural Garrafón*

SPORT & AKTIVITÄTEN

(www.garrafon.com) auf der Isla Mujeres, da die Korallen hier nahe am Ufer liegen, und der Schnorchel- und Erlebnispark *Xel-Ha* an der Riviera Maya (www.xelha.com).

TAUCHEN

Ganzjährige Wassertemperaturen um 26 Grad und eine üppige tropische Unterwasserwelt machen Yucatán zu einem Lieblingsziel tauchbegeisterter Urlauber. Die Unterwasserflora und -fauna gehören zu den vielseitigsten der Welt, und die vor den Küsten liegenden Korallenriffe sind weitere Pluspunkte. So zieht sich das zweitlängste Korallenriff der Welt über mehr als 1000 km von der Isla Contoy an der Isla Mujeres und Cozumel vorbei und verläuft an der mexikanischen Karibikküste entlang bis Honduras. Mit seinen Höhlen, Steilwänden, Tunneln, Gräben, Überhängen und Atollen ist das Riff, das sich aus unterschiedlichen Einzelriffen zusammensetzt, Heimat von ungezählten tropischen Fischen und seltenen Korallenarten. Besonders schön gestaltet ist das Korallenriff vor Cozumel. Die Insel, deren Tauchgründe schon Jacques Cousteau bekannt machte, ist umgeben vom Palancar-Riff – ein Taucherparadies wie aus dem karibischen Bilderbuch. Die Sichtweite schwankt wegen des hohen Planktonanteils, der den üppigen Wuchs der weichen Korallen und die Vermehrung der Fische fördert, zwischen 20 und 30 m. Abenteuerlich veranlagte Naturen machen sich beim Tauchen auf die Suche nach den ungezählten Schiffswracks, die vor der Küste liegen. Tauchschulen gibt es in allen Badeorten, und einige größere

Cenote in Xel-Ha: Die natürlichen Brunnen eignen sich ideal zum Tauchen

Hotels unterhalten ebenfalls eigene Tauchbasen. Mitunter bieten sie kostenlos sogenannten Schnupperunterricht, nämlich das Erlernen grundlegender Fertigkeiten im Hotelpool.

Ein weniger bekanntes und daher nie überlaufenes Tauchrevier ist Chinchorro an der Grenze zu Belize, ein 46 x 15 km großes Korallenriffsystem mit einer inneren Lagune, die drei kleine Inseln mit Schildkröten, Leguanen, Eidechsen und Wasservögeln umfasst; auch Wracktauchen ist hier möglich.

WINDSURFEN & SEGELN

Beide Wassersportarten sind rund um die Halbinsel Yucatán en vogue. Sowohl auf der Karibikseite an der Riviera Maya als auch am Golf von Mexiko bläst eine beständige Brise. Hat man sein Brett nicht dabei, muss man sich in einem Strandhotel eines mieten, ab der Viersternekategorie halten Hotels diese bereit. Über Segelboote verfügen nur die Fünfsterne- und GT-Hotels.

ERLEBNISSE AM UND IM WASSER

An Traumstränden unter karibischer Sonne planschen:
Das macht den Urlaub in Yucatán auch für Familien zur Freude

> Die Strände der Riviera Maya sind ideal für Kinder: breit genug zum Sandburgenbauen, mit flachem Meer zum Planschen, dazu jede Menge All-inclusive-Hotels mit Kinderbetreuung. In den Allegro-Resorts zum Beispiel kümmern sich junge Betreuer rund um die Uhr um den Nachwuchs, laden Kinderpools zum Toben ein und bieten die Restaurants eigene Kindermenüs an. Am sichersten – sehr flach und vor Wind und Wellen geschützt – ist der Strand an der Nordwestseite der Isla Mujeres. Bei etwas älteren Kindern sehr beliebt und ökologisch unbedenklich sind Kajaktouren, z. B. in den seichten Gewässern und Mangrovehainen um Campeche.

ACUARIO INTERACTIVO CANCÚN [119 F2]
Fische, Korallen und Unterwasserpflanzen der Region in zum Teil sehr großen Aquarien – einige sogar zum Anfassen. *Tgl. 9–18.30 Uhr | 15 US-$, Kinder (3–11 Jahre) 11 US-$ | Centro Comercial La Isla | Paseo Kukulcán km 12,5 | www.interactivedolphins.com*

AKTUN CHEN NATURAL PARK [119 E4]
Insider Tip

Die rund 5 Mio. Jahre alte Höhle Aktun Chen an der Riviera Maya zwischen Akumal und Xel-Ha mit zahlreichen Tropfsteinen ist von einem kleinen Naturpark mit Schlangengehege, botanischem Garten, Spinnenaffen und Rehwild umgeben. *Tgl. 9–17 (Juni-Aug. bis 19) Uhr | 24 US-$, Kinder (3–10 Jahre) 13 US-$ | 4 km südlich von Akumal 2 km westlich der MEX 307 | www.aktunchen.com*

RAINFOREST CAFÉ CANCÚN [119 F2]
Erlebnisgastronomie für Kinder und Jugendliche: aufwendige Plastikversion eines tropischen Regenwalds mit mechanischen Tierimitationen, Urwaldgeräuschen und simulierten Naturschauspielen; dazu Pizza und Pasta. *Centro Comercial Forum by the Sea | Paseo Kukulcán km 9,5 | www.rainforestcafe.com*

MIT KINDERN UNTERWEGS

TORTUGRANJA [119 F2]

An der mittleren Westküste der Isla Mujeres wurde eine als „Turtle Farm" ausgeschilderte Schildkrötenstation eingerichtet, in der zwischen Mai und September die am Strand von Schildkröten abgelegten Eier eingezäunt werden. Nach dem Schlüpfen hält man die Jungtiere in Becken, bis sie von Schulkindern ins Wasser freigelassen werden. *Tgl. 9 bis 17 Uhr | 2 US-$, keine Kinderermäßigung | Carretera a Garrafón km 5*

WASSERPARK WET 'N' WILD CANCÚN [119 F2]

Der Wasserpark mit Wasserrutschen und diversen Pools ist Teil des riesigen Freizeit- und Vergnügungsparks *Parque Nizuc*. Dazu wird Schnorcheln mit Rochen und anderen Fischen angeboten. *Tgl. 10–18, Nov.–April 10–17.30 Uhr | 29 US-$, Kinder 22 US-$ | www.dolphinaris.com/WetnWild | Paseo Kukulcán km 25 (am südlichen Ende der Hotelzone)*

XCARET ★ [119 E3–4]

Der älteste und aufwendigste der yucatekischen Ökoparks, 5 km südlich von Playa del Carmen, ist makellos gepflegt und vereint eine Prise Walt Disney mit Kultur und viel Natur. Der Erlebnispark mit Bade- und Schnorchellagune, Reitbahn, Schildkrötenbecken, Schwimmen auf einem unterirdischen Flusslauf, Aquarium, Delphinen und einer Pferdeshow sowie eigenem Hotel ist Anziehungspunkt für viele Tagesbesucher aus Cancún, Playa del Carmen und von Kreuzfahrtschiffen. Auch mehrere Mayatempel befinden sich auf dem Gelände sowie ein Museum mit 20 maßstabgerechten Modellen von archäologischen Stätten der Mayawelt. Gegessen wird in anspruchsvoll designten Palmblattrestaurants, und nachmittags finden Reitvorführungen statt. *Tgl. 9–21 Uhr | ab 69 US-$, Kinder ab 34,50 US-$ | www.xcaret.com*

> VON ANREISE BIS ZOLL

Urlaub von Anfang bis Ende: die wichtigsten Adressen und Informationen für Ihre Yucatánreise

ANREISE

Condor *(www.condor.de)* fliegt mehrmals wöchentlich von Frankfurt nonstop nach Cancún, Air Berlin *(www.airberlin.com)* von mehreren deutschen Flughäfen (mit meist einem Stop) sowie von Wien und Zürich nach Cancún. Die Flugzeit von Mitteleuropa beträgt zehn bis elf Stunden. Bei Flug über Mexiko-Stadt erfolgt der Weiterflug nach Cancún, Mérida, Chetumal oder Campeche mit Mexicana *(www.mexicana.com)*, Aeroméxico *(www.aeromexico.com)*, Click Mexicana *(www.clickmx.com)* oder Aeromar *(www.aeromar.com.mx)*. Ein Retourticket nach Cancún kostet ab 800 Euro.

ARCHÄOLOGISCHE STÄTTEN

Die Bauwerke (Pyramiden, Tempel, Paläste …) der archäologischen Stätten werden von Zeit zu Zeit zwecks Restaurierung oder Reparatur abgesperrt und können dann von Besuchern nicht betreten werden. Der Eintritt liegt je nach Bedeutung der Stätte im Allgemeinen zwischen 3 und 7 Euro.

AUSKUNFT

MEXIKANISCHES FREMDENVERKEHRSBÜRO
Taunusanlage 21 | 60325 Frankfurt | Tel. 008 00 11 11 22 66 | www.visitmexico.com

> WWW.MARCOPOLO.DE

Ihr Reise- und Freizeitportal im Internet!

> Aktuelle multimediale Informationen, Insider-Tipps und Angebote zu Zielen weltweit … und für Ihre Stadt zu Hause!

> Interaktive Karten mit eingezeichneten Sehenswürdigkeiten, Hotels, Restaurants etc.

> Inspirierende Bilder, Videos, Reportagen

> Kostenloser 14-täglicher MARCO POLO Podcast: Hören Sie sich in ferne Länder und quirlige Metropolen!

> Gewinnspiele mit attraktiven Preisen

> Bewertungen, Tipps und Beiträge von Reisenden in der lebhaften MARCO POLO Community: *Jetzt mitmachen und kostenlos registrieren!*

> Praktische Services wie Routenplaner, Währungsrechner etc.

Abonnieren Sie den kostenlosen MARCO POLO Newsletter … wir informieren Sie 14-täglich über Neuigkeiten auf marcopolo.de!

Reinklicken und wegträumen!
www.marcopolo.de

> MARCO POLO speziell für Ihr Handy! Zahlreiche Informationen aus den Reiseführern, Stadtpläne mit 100 000 eingezeichneten Zielen, Routenplaner und vieles mehr.
mobile.marcopolo.de (auf dem Handy)
www.marcopolo.de/mobile (Demo und weitere Infos auf der Website)

PRAKTISCHE HINWEISE

BANKEN & GELD

Landeswährung ist der mexikanische Peso, dessen Kürzel Peso ($) nicht mit dem US-$ verwechselt werden darf. Weitere verbreitete Kürzel sind mex. $ und M. N. *(moneda nacional)*. In Touristenorten können Sie auch in Dollar bezahlen. Kreditkarten (vor allem Visa) sind weit verbreitet. Wechselstuben *(cambio de moneda)* sind in allen größeren Orten vorhanden. Hier geht es meistens deutlich schneller als in der Bank, und die Kurse unterscheiden sich kaum. Die Zahl der Geldautomaten, an denen man mit der Kreditkarte bzw. der ec-Karte Bargeld erhält, nimmt ständig zu.

BUSSE

Busreisen sind selbst in der 1. Klasse sehr preiswert (8–12 Euro pro 100 km). Mehrere private Busgesellschaften verkehren von einem zentralen Busbahnhof bzw. von ihren jeweiligen Terminals in der Stadt. In der 1. Klasse gibt es Sitzplatzreservierung, kaufen Sie den Fahrschein *(boleto)* daher bereits am Vortag!

CAMPING

Campingplätze sind oft Plätze für Wohnmobile nach US-Muster *(trailer parks)*. Zeltplätze sind selten, diese findet man am ehesten in Naturschutzgebieten (Liste beim Fremdenverkehrsbüro und in den Informationsbüros in Mérida und Cancún). Freies Camping sollten Sie aus Sicherheitsgründen unterlassen.

DIPLOMATISCHE VERTRETUNGEN

DEUTSCHES KONSULAT CANCÚN
Punta Conoco 36 | Tel. 01998/ 884 18 98 | Fax 887 12 83

KONSULAT DER SCHWEIZ CANCÚN
Edificio Vénus | Av. Cobá 12, local 214 | Tel. 01998/884 84 46

ÖSTERREICHISCHES KONSULAT CANCÚN
Pecari 37/Av. Tulum | Tel. 01998/ 884 54 31

EINREISE

Für die Einreise benötigt man einen noch mindestens sechs Monate gültigen Reisepass. Bei der Einreise muss eine ausgefüllte Touristenkarte (beim Reiseveranstalter oder im Flugzeug erhältlich) vorgelegt werden, die Kopie verbleibt im Pass und muss bei der Ausreise wieder abgegeben werden.

EINTRITTSPREISE

Bei den archäologischen Stätten beträgt der Eintritt je nach Größe, Erhaltungsgrad und Bedeutung 3 bis 7 Euro, in einigen Stätten kommt eine „Restaurierungsgebühr" hinzu. In bedeutenden Museen und archäologischen Stätten müssen Sie mit 3 bis 7 Euro Eintritt rechnen, in kleineren Stätten und privaten Museen liegt der Eintritt bei 1,50–3 Euro. Bei Einrichtungen, bei denen der Eintritt deutlich über diesen Richtwerten liegt, haben wir ihn in diesem Band jeweils extra genannt.

FOTOGRAFIEREN

Speicherkarten sind in Mexiko preiswerter als zu Hause. Die Verwendung eines Blitzes ist in Kirchen und Museen meist nicht gestattet. In archäologischen Stätten ist Videofilmen kostenpflichtig.

WAS KOSTET WIE VIEL?

> **BENZIN** — **UM 0,60 EURO** für einen Liter Super

> **SNACK** — **1–2 EURO** für einen Taco am Stand

> **BIER** — **1,70–2,50 EURO** für eine Flasche *cerveza*

> **SOUVENIR** — **AB 25 EURO** für eine Hängematte

> **KAFFEE** — **1–1,50 EURO** für einen *café americano*

> **BUSFAHRT** — **7–10 EURO** für 100 km in der 1. Klasse

GESUNDHEIT

Impfvorschriften bestehen nicht. Tetanus- und Polioschutz sind immer empfehlenswert. Ein gewisses Malariarisiko besteht an der Golfküste. Wer individuell über Land reist, sollte auch an eine Typhus- und Hepatitisvorsorge denken. Leitungswasser ist außerhalb der großen Hotels von Cancún und Mérida nicht trinkbar. Fleisch sollten Sie nur gut durchgebraten essen. Moctezumas Rache erwischt aber trotz aller Vorsichtsmaßnahmen fast jeden Mexikobesucher. Auslöser sind oft Eiswürfel oder Wasser, das ungewohnte scharfe Essen, ungeschälte Früchte und Salat. Viele europäische Medikamente sind in mexikanischen Apotheken ohne Rezept zu erhalten – und viel preiswerter als zu Hause. In Notfällen hilft das *Hospital Americano (Viento 15 | Cancún | Tel. 01998/ 884 61 33 | www.hospitalamericano. com).*

INLANDSFLÜGE

Der Flugpass Mexipass von *Mexicana (Hessenring 32, 64546 Mörfelden-Walldorf | Tel. 06105/20 60 85 | Fax 20 62 35 | info@mexicana.de)* bietet Inlandsflüge in fünf Zonen von 90 bis 168 US-$. Er muss schon in Europa gekauft werden. Von Cancún gibt es Verbindungen zur Isla Mujeres und nach Cozumel, Mérida, Campeche und Palenque. Die erste mexikanische Billigfluglinie Click Mexicana fliegt zwischen Mexiko-Stadt und Yucatán.

INTERNET

www.mexico-travel.com und *www.visitmexico.com* werden vom Tourismusministerium unterhalten. *www.yucatantoday.com* bietet informative, aktuelle, werbungsarme Hinweise für Touristen. *www.mayayucatan.com* ist eine Website des yucatekischen Tourismusbüros mit Informationen (auch deutsch) für Besucher. Kommerzielle englischsprachige Seiten wie *www.mexonline.com/yucatan.htm* und *www.go2mexico.com*

> *www.marcopolo.de/yucatan*

PRAKTISCHE HINWEISE

haben viel aufdringliche Werbung. Über die Riviera Maya informiert www.rivieramaya.com, über ganz Yucatán www.travelyucatan.com.

INTERNETCAFÉS & WLAN

Internetcafés sind in Städten und touristischen Gebieten weit verbreitet. Eine Übersicht finden Sie auf www.cybercafes.com, kostenlose drahtlose Internetzugänge auf www.hotspot-locations.com.

JUGENDHERBERGEN

Zum mexikanischen Jugendherbergsverband Hostelling Mexico *(www.hostellingmexico.com)* gehören drei Jugendherbergen in Campeche, Mérida und Valladolid. Außerdem gibt es in Cancún, Mérida, Playa del Carmen und Palenque zahlreiche auf Jugendliche zugeschnittene Pensionen und Gästehäuser *(albergue, hostal).*

KLIMA & REISEZEIT

Mexikos Regenzeit dauert von Mai bis Oktober, von November bis April ist es in der Regel trocken. An der Karibikseite Yucatáns muss jedoch häufiger mit Regen gerechnet werden als im übrigen Land. Ideale Reisezeit ist der europäische Winter von November bis März, jedoch verzeichnet Yucatán zu Weihnachten und um Ostern viele Besucher aus den USA und Europa. Eine zweite Hochsaison liegt im Juli/August, wenn vermehrt europäische Besucher anreisen. Von Mitte März bis Anfang April, in den Collegeferien, feiern 100 000 junge US-Amerikaner in Cancún und an der Riviera Maya *spring break,* dann geht es zu wie am Ballermann 6.

MIETWAGEN

Wenn man den Leihwagen bereits zu Hause bucht, wird es oft preiswerter. VW-Käfer sind ab 50 US-$ pro Tag zu haben, VW-Golf ab 70 US-$, ohne Kilometerlimit, jedoch zuzüglich zehn Prozent Steuern und Versicherungsgebühren. Vollkasko (ca. 15 bis 18 US-$ pro Tag) ist unbedingt empfehlenswert. Die Rückführungsgebühr bei Einwegmiete ist unverhältnismäßig hoch. Der nationale Führerschein reicht aus, der internationale erleichtert jedoch die Kom-

WÄHRUNGSRECHNER

€	Mex$	Mex$	€
1	17,31	10	0,58
2	34,63	15	0,87
3	51,93	20	1,16
4	69,24	25	1,44
5	86,55	30	1,73
7	121,17	40	2,31
12	207,71	50	2,89
25	432,74	70	4,04
100	1.730,94	125	7,22

munikation mit Polizisten. Mindestmietalter: 25 Jahre. An Vorschriften und Geschwindigkeitsbeschränkungen hält man sich besser sehr genau, um der Polizei keine Handhabe für ein Eingreifen zu geben. Eine zuverlässige Firma ist *Buster Rent a Car (www.busterrentacar.com.mx)* mit Stationen in *Cancún, Playa del Carmen, Cozumel* und *Tulum.*

Landstraßen heißen oft *libre* im Gegensatz zu *cuota,* den gebührenpflichtigen Autobahnen (100 km ca. 100 Pesos). Vor Ortschaften liegen auf der Straße *topes* (Schwellen), die nicht immer angekündigt werden. Bei Pannen leisten die *Ángeles Ver-*

des *(Tel. 01999/983 11 84)* mit ihren grünweißen Fahrzeugen Hilfe.

NOTRUF

Allgemeiner Notruf: *Tel. 066;* Polizei: *Tel. 080;* Notarzt *Tel. 065;* Nottelefon für Touristen (gebührenfrei): *01800/903 92 00.*

ÖFFNUNGSZEITEN

Die Öffnungszeiten in Mexiko variieren stark, jedoch macht man überall eine Mittagspause von etwa 13 bis 16 Uhr. Geschäfte haben in Touristenorten abends lange auf, Museen sind montags gewöhnlich geschlossen.

POST

Die Post *(Mo–Fr 9–18 Uhr)* heißt in Mexiko *correo,* eine Postkarte nach Europa kostet mit Luftpost *(por avión)* 14 Pesos Porto und ist in die Heimat rund zwei Wochen unterwegs.

SICHERHEIT

Yucatán ist ein sicheres Reisegebiet. Lediglich die Nachtbusverbindung von Mérida nach Palenque war lange Zeit berüchtigt für Raub, Diebstahl und Überfälle. Inzwischen sind die Vorfälle seltener geworden. Man muss jedoch weiterhin aufpassen und nimmt lieber den 1.-Klasse-Bus tagsüber statt den 2.-Klasse-Bus in der Nacht. Taschendiebstähle erfolgen meist im Gedränge, also an der Bushaltestelle, beim Einsteigen und im vollen Bus, auf Märkten und Plätzen sowie bei Veranstaltungen mit vielen Besuchern. Auch abgelegene, sehr einsame Strände sollten Sie besser meiden. Straßenraub ist äußerst selten und passiert allenfalls in Chetumal. Diebstähle werden vornehmlich von den Stränden in und um Playa del Carmen und südlich von Tulum gemeldet. Bei ernsthaften Beschwerden können Sie sich an den *staatli-*

WETTER IN MÉRIDA

	Jan.	Feb.	März	April	Mai	Juni	Juli	Aug.	Sept.	Okt.	Nov.	Dez.
Tagestemperaturen in °C	28	29	32	33	34	33	33	33	32	31	29	28
Nachttemperaturen in °C	17	17	19	21	22	23	23	23	23	22	19	18
Sonnenschein Std./Tag	6	6	7	7	8	7	8	7	6	6	6	5
Niederschlag Tage/Monat	4	2	1	2	5	10	11	12	13	7	3	3
Wassertemperaturen in °C	25	25	25	26	27	27	28	28	28	27	26	25

PRAKTISCHE HINWEISE

chen Touristenanwalt (Tel. 01998/ 844 26 34) in Cancún wenden.

STROM

Die Netzspannung beträgt 110 bis 125 Volt, US-Flachstecker; Adapter sind erforderlich.

TAXI

Es gibt keine Taxameter, der Fahrpreis ist vorher auszuhandeln, falls es keine Tafel mit den Einheitspreisen gibt. Vom Flughafen in die Stadt nehmen Sie am besten die gelbweißen Flughafentaxis *(transporte terrestre)*. Taxis sind außer in Cancún preiswert, wenn man nach einheimischem Tarif bezahlt. Man fragt daher im Hotel nach dem ungefähren Fahrpreis.

TELEFON & HANDY

Mexiko hat die Vorwahl 0052, dann folgt die Ortsvorwahl ohne die 01. Man telefoniert mit Telefonkarten (30, 50, 100 Pesos) von Telefonzellen, auch ins Ausland (Vorwahl Deutschland 0049, Österreich 0043, Schweiz 0041). Eine Minute kostet 20 Pesos, Abbuchung erfolgt in 20-Peso-Schritten. Bei Telefonaten vom Hotel kommt zu den hohen Gebühren noch eine Luxussteuer hinzu. Europäische Mobiltelefone funktionieren in Yucatán nur, wenn man ein Tribandgerät benutzt. Mit einer Prepaidkarte aus Mexiko entfallen die Gebühren für eingehende Anrufe, z. B. mit einem mexikanischen *chip* von Telcel, den man am Flughafen und in Telcel-Läden ab 180 Pesos bekommt (inkl. 10 Euro Guthaben). Hohe Kosten verursacht die Mailbox, daher noch im Heimatland abschalten!

TRINKGELD

Die Bediensteten rechnen mit zehn bis 15 Prozent Trinkgeld *(propina)*, ihre Entlohnung ist entsprechend niedrig. In Cancún werden jedoch

Geschützt durch ein Korallenriff: Akumal im Süden der Riviera Maya

zur Restaurantrechnung in der Regel bereits 15 Prozent *propina* addiert. Taxifahrer erwarten kein Trinkgeld, man rundet jedoch geringfügig auf. Für den Transport des Gepäcks gibt man im Flughafen und Hotel 4 Pesos pro Stück. Das Zimmermädchen erhält 5 Pesos pro Nacht.

ZEIT

MEZ minus sieben Stunden. Mexikos Sommerzeit dauert vom ersten Aprilsonntag bis zum letzten Oktobersonntag.

ZOLL

Bei der Einreise sind u. a. 400 Zigaretten und 3 l Spirituosen zollfrei, bei der Rückkehr in die EU u. a. 1 l Spirituosen, 200 Zigaretten und sonstige Waren bis zu einem Wert von 430 Euro.

> ¿HABLAS ESPAÑOL?

„Sprichst du Spanisch?" Dieser Sprachführer hilft Ihnen, die wichtigsten Wörter und Sätze auf Spanisch zu sagen

Aussprache

c	vor „e", „i" stimmloser Lispellaut, stärker als engl. „th". Bsp.: gracias
ch	stimmloses deutsches „tsch" wie in „tschüss"
g	vor „e", „i" wie deutsches „ch" in „Bach", sonst wie „g"
gue, gui/que, qui	das „u" ist immer stumm, wie deutsches „g"/„k"
j	wie deutsches „ch" in „Bach"
ll, y	wie deutsches „j" zwischen Vokalen. Bsp.: Mallorca
ñ	wie „gn" in „Champagner"

AUF EINEN BLICK

Ja./Nein.	Sí./No.
Vielleicht.	Quizás./Tal vez.
In Ordnung!/Einverstanden!	¡De acuerdo!/¡Está bien!
Bitte./Danke.	Por favor./Gracias.
Vielen Dank.	Muchas gracias.
Gern geschehen.	De nada.
Entschuldigung!	¡Perdón!
Wie bitte?	¿Cómo (dice/dices)?
Ich verstehe Sie/dich nicht.	No le/la/te entiendo.
Ich spreche nur wenig Spanisch.	Hablo sólo un poco de español.
Können Sie mir bitte helfen?	¿Puede usted ayudarme, por favor?
Ich möchte/würde gerne …	Quiero …/Quisiera …
Das gefällt mir (nicht).	(No) me gusta.
Haben Sie …?	¿Tiene usted …?
Wie viel kostet es?	¿Cuánto cuesta?
Wie viel Uhr ist es?	¿Qué hora es?

KENNENLERNEN

Guten Morgen/Tag!	¡Buenos días!
Guten Tag!	¡Buenas tardes! *(nachmittags)*
Guten Abend!	¡Buenas tardes!
Gute Nacht!	¡Buenas noches!
Hallo! Wie geht's?	¡Hola! ¿Qué tal?
Ich heiße …	Me llamo …
Ich komme aus …	Soy de …
Wie ist Ihr Name, bitte?	¿Cómo se llama usted, por favor?
Wie geht es Ihnen/dir?	¿Cómo está usted?/¿Qué tal?

> *www.marcopolo.de/yucatan*

SPRACHFÜHRER SPANISCH

Danke. Und Ihnen/dir?	Bien, gracias. ¿Y usted/tú?
Auf Wiedersehen!	¡Adiós!
Tschüss!	¡Adiós!
Bis bald!/Bis später!	¡Hasta pronto!/¡Hasta luego!
Bis morgen!	¡Hasta mañana!

UNTERWEGS

AUSKUNFT

links/rechts	a la izquierda/a la derecha
geradeaus	derecho
nah/weit	cerca/lejos
Wie weit ist das?	¿A qué distancia está?
Ich möchte … mieten.	Quiero alquilar …
… ein Auto …	… un carro.
… ein Boot …	… una barca/un bote/un barco.
Bitte, wo ist …	Perdón, ¿dónde está …
… der Bahnhof?	… la estación (de trenes)?
… der Busbahnhof?	… la estación de autobuses/el terminal?
… der Hafen?	… el puerto?
… der Flughafen?	… el aeropuerto?
Zum … Hotel.	Al hotel …

TANKSTELLE

Wo ist bitte die nächste Tankstelle?	¿Dónde está la estación de gasolina/la gasolinera más cercana, por favor?
Ich möchte … Liter …	Quiero … litros de …
… Normalbenzin.	… gasolina normal.
… Super./… Diesel.	… súper./… diesel.
… Bleifrei.	… gasolina magna.
… mit … Oktan.	… de … octanos.
Voll tanken, bitte.	Lleno, por favor.

UNFALL

Hilfe!	¡Ayuda!/¡Socorro!
Achtung!	¡Atención!
Rufen Sie bitte schnell …	Por favor, llame enseguida …
… einen Krankenwagen.	… una ambulancia.
… die Polizei.	… a la policía.
… die Feuerwehr.	… a los bomberos.

Geben Sie mir bitte Ihren Namen und Ihre Anschrift.	¡Por favor, déme su nombre y dirección!

ESSEN & TRINKEN/EINKAUFEN

Wo gibt es hier …	¿Dónde hay por aquí cerca …
… ein gutes Restaurant?	… un buen restaurante?
… ein nicht zu teures Restaurant?	… un restaurante no demasiado caro?
Auf Ihr Wohl!	¡Salud!
Bezahlen, bitte.	¡La cuenta, por favor!
Reservieren Sie uns bitte für heute Abend einen Tisch für vier Personen.	¡Por favor, resérvenos para esta noche una mesa para cuatro personas!
Die Speisekarte, bitte.	¡El menú, por favor!
Ich nehme …	Quisiera …/Tráigame …
… einen Espresso	… un café solo
… einen Milchkaffee	… un café con leche
… einen Tee	… un té
… mit Zucker/Milch/Zitrone	… con azúcar/leche/limón
… einen (Orangen-)Saft	… un jugo (de naranja)
… ein Bier	… una cerveza
… ein Mineralwasser	… un agua mineral
… mit/ohne Kohlensäure	… con/sin gas
… mit/ohne Eis	… con/sin hielo
… einen Weißwein	… un vino blanco
… einen Rotwein	… un vino tinto
Frühstück	desayuno
Mittagessen	almuerzo
Abendessen	cena
Fisch	pescado
Fleisch	carne
Geflügel	aves
Salat	ensalada
Suppe	sopa
Dessert	postre
vegetarisch	vegetariano
Messer	cuchillo
Gabel	tenedor
Löffel	cuchara
Wo finde ich …	Por favor, ¿dónde hay …
… eine Apotheke?	… una farmacia?
… eine Bäckerei?	… una panadería?
… ein Lebensmittelgeschäft?	… un almacén?
… den Markt?	… el mercado?

> *www.marcopolo.de/yucatan*

SPRACHFÜHRER

ÜBERNACHTEN

Entschuldigung, können Sie mir bitte … empfehlen?	Perdón, señor/señora/señorita. ¿Podría usted recomendarme …
… ein Hotel …	… un hotel?
… eine Pension …	… una pensión?
Ich habe ein Zimmer reserviert.	He reservado una habitación.
Haben Sie noch …	¿Tienen ustedes …
… ein Einzelzimmer?	… una habitación individual?
… ein Zweibettzimmer?	… una habitación doble?
… mit Dusche/Bad?	… con ducha/baño?
… für eine Nacht?	… para una noche?
… für eine Woche?	… para una semana?
Was kostet das Zimmer mit …	¿Cuánto cuesta la habitación con …
… Frühstück?	… desayuno?
… Halbpension?	… media pensión?

PRAKTISCHE INFORMATIONEN

ARZT

Können Sie mir einen guten Arzt empfehlen?	¿Puede usted recomendarme un buen médico?
Ich habe …	Tengo …
… Durchfall.	… diarrea.
… Fieber.	… fiebre.
… Kopfschmerzen.	… dolor de cabeza.
… Zahnschmerzen.	… dolor de muelas.

BANK

Wo ist hier bitte …	Por favor, ¿dónde hay por aquí …
… eine Bank/… eine Wechselstube?	… un banco?/una oficina de cambio?
Ich möchte … Euro in Pesos wechseln.	Quiero cambiar … euros en pesos.

ZAHLEN

1	un, uno, una	10	diez	20	veinte
2	dos	11	once	21	veintiuno, -a, veintiún
3	tres	12	doce		
4	cuatro	13	trece	50	cincuenta
5	cinco	14	catorce	100	cien, ciento
6	seis	15	quince		
7	siete	16	dieciséis	1000	mil
8	ocho	17	diecisiete	10000	diez mil
9	nueve	18	dieciocho	1/2	medio
		19	diecinueve	1/4	un cuarto

Palenque

> UNTERWEGS IN YUCATÁN

Die Seiteneinteilung für den Reiseatlas finden Sie auf dem hinteren Umschlag dieses Reiseführers

REISE ATLAS

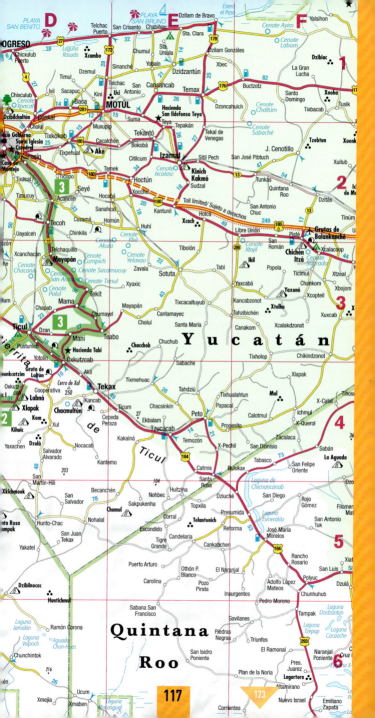

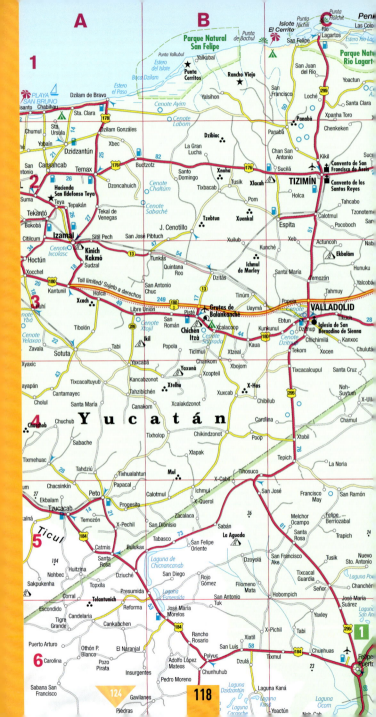

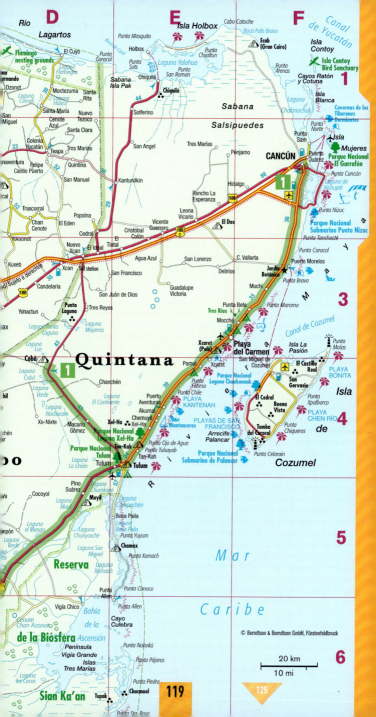

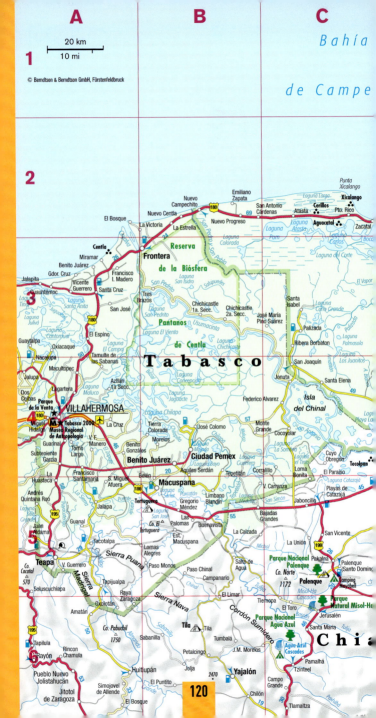

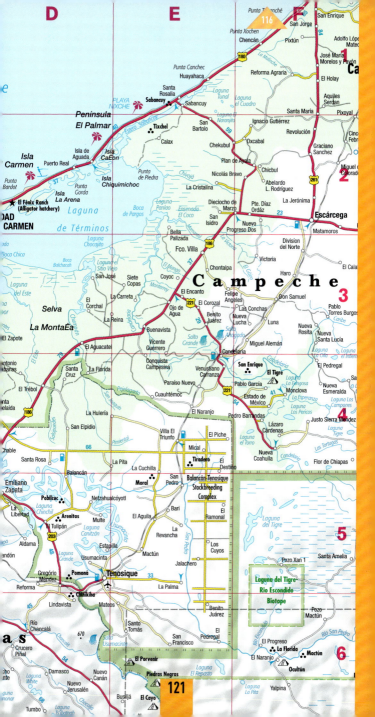

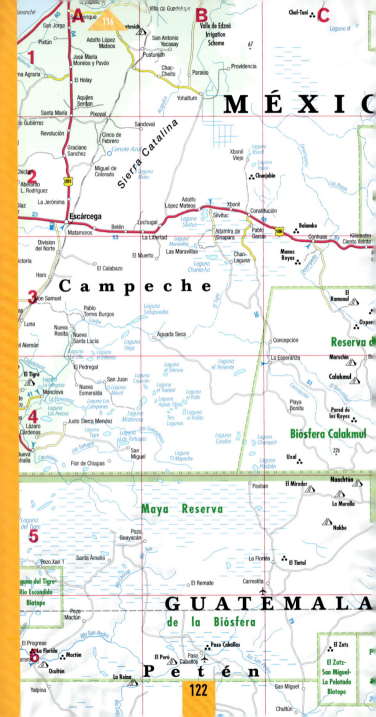

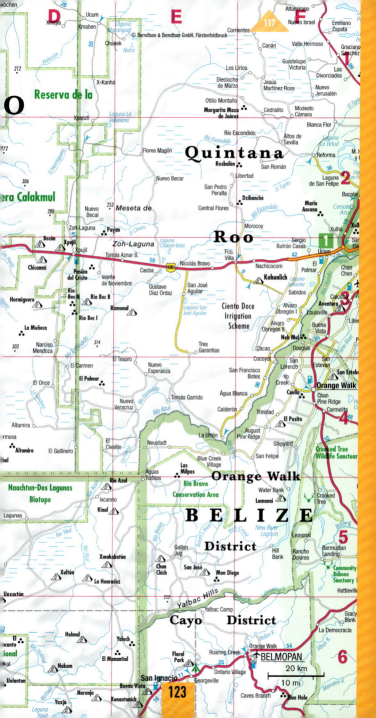

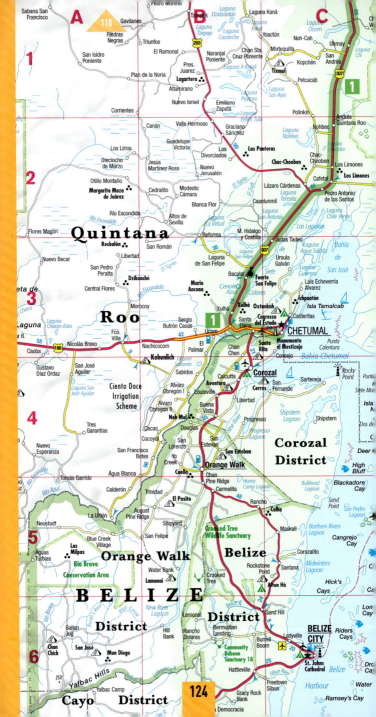

FÜR IHRE NÄCHSTE REISE

gibt es folgende MARCO POLO Titel:

DEUTSCHLAND
Allgäu
Amrum/Föhr
Bayerischer Wald
Berlin
Bodensee
Chiemgau/Berchtes-
  gadener Land
Dresden/Sächsische
  Schweiz
Düsseldorf
Eifel
Erzgebirge/Vogtland
Franken
Frankfurt
Hamburg
Harz
Heidelberg
Köln
Lausitz/Spreewald/
  Zittauer Gebirge
Leipzig
Lüneburger Heide/
  Wendland
Mark Brandenburg
Mecklenburgische
  Seenplatte
Mosel
München
Nordseeküste
  Schleswig-
  Holstein
Oberbayern
Ostfriesische Inseln
Ostfriesland/
  Nordseeküste
  Niedersachsen/
  Helgoland
Ostseeküste
  Mecklenburg-
  Vorpommern
Ostseeküste
  Schleswig-
  Holstein
Pfalz
Potsdam
Rheingau/
  Wiesbaden
Rügen/Hiddensee/
  Stralsund
Ruhrgebiet
Schwäbische Alb
Schwarzwald
Stuttgart
Sylt
Thüringen
Usedom
Weimar

ÖSTERREICH | SCHWEIZ
Berner Oberland/
  Bern
Kärnten
Österreich
Salzburger Land
Schweiz
Tessin
Tirol
Wien
Zürich

FRANKREICH
Bretagne
Burgund
Côte d'Azur/Monaco
Elsass
Frankreich
Französische
  Atlantikküste
Korsika
Languedoc-Roussillon
Loire-Tal
Nizza/Antibes/Cannes/
  Monaco
Normandie
Paris
Provence

ITALIEN | MALTA
Apulien
Capri
Dolomiten
Elba/Toskanischer
  Archipel
Emilia-Romagna
Florenz
Gardasee
Golf von Neapel
Ischia
Italien
Italienische Adria
Italien Nord
Italien Süd
Kalabrien
Ligurien/
  Cinque Terre
Mailand/Lombardei
Malta/Gozo
Oberital. Seen
Piemont/Turin
Rom
Sardinien
Sizilien/
  Liparische Inseln
Südtirol
Toskana
Umbrien
Venedig
Venetien/Friaul

SPANIEN | PORTUGAL
Algarve
Andalusien
Barcelona
Baskenland/Bilbao
Costa Blanca
Costa Brava
Costa del Sol/Granada
Fuerteventura
Gran Canaria
Ibiza/Formentera
Jakobsweg/Spanien
La Gomera/El Hierro
Lanzarote
La Palma
Lissabon
Madeira
Madrid
Mallorca
Menorca
Portugal
Sevilla
Spanien
Teneriffa

NORDEUROPA
Bornholm
Dänemark
Finnland
Island
Kopenhagen
Norwegen
Schweden
Stockholm
Südschweden

WESTEUROPA | BENELUX
Amsterdam
Brüssel
Dublin
England
Flandern
Irland
Kanalinseln
London
Luxemburg
Niederlande
Niederländische
  Küste
Schottland
Südengland

OSTEUROPA
Baltikum
Budapest
Estland
Kaliningrader Gebiet
Lettland
Litauen/Kurische
  Nehrung
Masurische Seen
Moskau
Plattensee
Polen
Polnische Ostsee-
  küste/Danzig
Prag
Riesengebirge
Russland
Slowakei
St. Petersburg
Tallinn
Tschechien
Ungarn
Warschau

SÜDOSTEUROPA
Bulgarien
Bulgarische
  Schwarzmeerküste
Kroatische Küste/
  Dalmatien
Kroatische Küste/
  Istrien/Kvarner
Montenegro
Rumänien
Slowenien

GRIECHENLAND | TÜRKEI | ZYPERN
Athen
Chalkidiki
Griechenland
  Festland
Griechische
  Inseln/Ägäis
Istanbul
Korfu
Kos
Kreta
Peloponnes
Rhodos
Samos
Santorin
Türkei
Türkische Südküste
Türkische Westküste
Zakinthos
Zypern

NORDAMERIKA
Alaska
Chicago und
  die Großen Seen
Florida
Hawaii
Kalifornien
Kanada
Kanada Ost
Kanada West
Las Vegas
Los Angeles
New York
San Francisco
USA
USA Neuengland/
  Long Island
USA Ost
USA Südstaaten/
  New Orleans
USA Südwest
USA West
Washington D.C.

MITTEL- UND SÜDAMERIKA
Argentinien
Brasilien
Chile
Costa Rica
Dominikanische
  Republik
Jamaika
Karibik/
  Große Antillen
Karibik/
  Kleine Antillen
Kuba
Mexiko
Peru/Bolivien
Venezuela
Yucatán

AFRIKA | VORDERER ORIENT
Ägypten
Djerba/
  Südtunesien
Dubai/Vereinigte
  Arabische Emirate
Israel
Jerusalem
Jordanien
Kapstadt/
  Wine Lands/
  Garden Route
Kapverdische Inseln
Kenia
Marokko
Namibia
Qatar/Bahrain/Kuwait
Rotes Meer/Sinai
Südafrika
Tunesien

ASIEN
Bali/Lombok
Bangkok
China
Hongkong/Macau
Indien
Indien/Der Süden
Japan
Ko Samui/
  Ko Phangan
Malaysia
Nepal
Peking
Philippinen
Phuket
Rajasthan
Shanghai
Singapur
Sri Lanka
Thailand
Tokio
Vietnam

INDISCHER OZEAN | PAZIFIK
Australien
Malediven
Mauritius
Neuseeland
Seychellen
Südsee

REGISTER

Hier finden Sie alle in diesem Reiseführer erwähnten Orte, Ausflugsziele, Strände und archäologischen Stätten. Halbfette Seitenzahlen verweisen auf den Haupteintrag, kursive auf ein Foto.

Acanceh 95
Aktun Chen 94, **102**
Akumal *6/7*, 15, **94**, *109*
Bacalar 89
Bahía de la Ascensión 91
Balankanché 60f.
Becán 87f.
Boca Paila 91, *92/93*,
Calakmul 84
Camino Boca Paila 90
Campeche 7, 10, 13, 15, 23, 78, **79ff.**, 94, 95, 98, 102, 104, 106, 107
Cancún 7, 8, 12, 13, 14, 15, 23, 30, **31ff.**, 35, 38, 39, 56, 86, 92, 93, 96, 98, 99, 100, 102, 103, 104, 106, 107, 109, 130, 132
Casa Cenote 100
Celestún 23, **71**
Cenote Azul 88
Chen Río 43
Chetumal 18, 23, 79, **86f.**, 92, 94, 98, 104, 108
Chicanná 88
Chichén Itzá 7, *8/9*, 22, 23, **55ff.**
Chinchorro 101
Chiquilá 38
Cholul 12, 14
Chumayel 95
Chunyaxché 90f.
Cobá **50f.**, 92, 94
Contoy (Isla) 36, **38**, 101
Cozumel 7, 22, 23, 35, **38ff.**, 93, 97, 101, 106, 107
Crococun 93, **96**
Dos Ojos 100
Dzibilchaltún 22, 23, **71**
Edzná **84f.**, 95
Ekbalam 61f.
Gran Cenote 100
Grutas de Loltún **73f.**, 94
Hacienda Temozón *70*, 71f.
Holbox (Isla) 38
Hopelchén 95
Ik Kil 62
Isla Contoy 36, **38**, 101
Isla de los Pájaros 71
Isla Holbox 38
Isla Mujeres 7, 9, 28, 35, 36, 38, **43ff.**, 101, 102, 103, 106
Izamal 23, **63ff.**
Kabáh **72f.**, 94, *95*
Kohunlich 88f.
Labná 72, **73**, 94
Laguna Boca Paila 91
Laguna de Bacalar 88, **89**, 92, 94
Laguna Chunyaxché 90f.
Laguna Muyil 90f.
Lagunas de Siete Colores, Las 89
Loltún **73f.**, 94
Mama 95
Mayapán 74
Mérida 7, 10f., 13, 14, 15, 22, 23, 25f., 28, 54, *54/55*, 56, **66ff.**, 73, 86, 94, 95, 99, 104, 106, 107, 108
Muyil 90f.
Oxkutzcab 95
Palenque *78/79*, **85f.**, 106, 107, 108, *114/115*
Parque Nacional/ Natural ... s. unter dem Namen des Parks
Playa Bonita 80
Playa Caracol **37**, 44
Playa Chen Río 43
Playa de Calderitas 87
Playa del Carmen 7, 8, 12, 35, 38, 39, *46*, **47ff.**, 86, 92, 93, 97, 98, 100, 107, 108, 132
Playa Delfines 37
Playa Indios 47
Playa Lancheros 47
Playa Langosta 44
Playa Las Perlas 37
Playa Linda *32*, 37
Playa Mujeres 96
Playa Norte 43, **47**
Playa Palancar 43
Playa San Francisco 43
Playa Tortugas **37**, 44
Progreso 74f.
Puerto Aventuras **51**, 93f.
Puerto Juárez 44
Puerto Morelos 15, 35, 93, 96
Punta Allen 90, **91**
Punta Venado 97
Reserva de la Biósfera Sian Ka'an 18, **90f.**, 92, 94
Río Bec 87f.

> *www.marcopolo.de/yucatan*

Río Lagartos 23, **62**
Ruta de los Conventos 95
Sayil **75**, 94
Sian Ka'an 18, **90f.**, 92, 94
Tecoh 95
Tekit 95
Telchaquillo 95
Temozón 70, 71f.
Ticul 95
Tizimín 22, 61
Tulum 5, 15, *30/31*, **51ff.**, 92, 94, 107
Uxmal **75ff.**, 94, 95
Valladolid 61, **62f.**, 107
Vigía Chico 90, **91**
Xcaret 8, 36, 49, 93, **103**
Xel-Ha 8, 36, **53**, 94, 101
Xixim 71
Xlapak 94
Yaxcopoil 94

> SCHREIBEN SIE UNS!

Liebe Leserin, lieber Leser,

wir setzen alles daran, Ihnen möglichst aktuelle Informationen mit auf die Reise zu geben. Dennoch schleichen sich manchmal Fehler ein – trotz gründlicher Recherche unserer Autoren/innen. Sie haben sicherlich Verständnis, dass der Verlag dafür keine Haftung übernehmen kann.

Wir freuen uns aber, wenn Sie uns schreiben.

Senden Sie Ihre Post an die
MARCO POLO Redaktion,
MAIRDUMONT, Postfach 31 51,
73751 Ostfildern,
info@marcopolo.de

IMPRESSUM

Titelbild: Tulum (Laif: Heeb/Laif: Tophoven)
Fotos: Casa Mission Restaurant: Daniel Loeza (97 M. l.); Ceiba del Mar Beach & Spa Resort, Riviera Maya, Mexico (15 M.); Croco Cun Zoo (96 u. r.); ©fotolia.com: BK (96 o. l.), Boris Ryzhkov (96 M. l.); A. M. Gross (3 l., 4 r., 54/55, 61, 75, 80, 114/115); R. Hackenberg (22/23, 40, 102/103); T. Haltner (53, 62, 98/99); HB Verlag (U. M., 72); HB Verlag: Maeritz (22, 23, 84, 89); Hotel Deseo: Jaime Navarro (97 M. r.); Huber: Dima (24/25), Schmid (46, 64); F. Ihlow (78/79, 95); IKARUS Kitesurf (96 M. r.); R. Irek (82); ©iStockphoto.com: Marco Maccarini (97 u. r.), Simon Podgorsek (13 u.), Jean Schweitzer (97 o. l.), Ralf Siemieniec (13 o.); Jeep Adventures S. A. de C. V. (12 u.); Laif: Heeb (1, 16/17, 88), Tophoven (U. r., 1, 4 l., 5, 29, 34, 56, 59, 68, 86, 91); Los Almendros: Jorge González González (15 o.); K. Maeritz (70); Barbara Polzer (15 u.); George Samuelson (12 o.); Katrin Schikora (14 o.); O. Stadler (U. l., 2 r., 3 M., 3 r., 6/7, 8/9, 11, 18, 20, 26, 27, 28/29, 30/31, 32, 39, 43, 44, 48, 49, 66, 76, 92/93, 101, 109); White Star: Gumm (2 l., 37, 50, 100, 102, 103); M. Wöbcke (130); Yucatan Productions: Robert Melone (14 u.)

4., aktualisierte Auflage 2009
© MAIRDUMONT GmbH & Co. KG, Ostfildern
Chefredaktion: Michaela Lienemann, Marion Zorn
Autor: Manfred Wöbcke; Redaktion: Nikolai Michaelis
Programmbetreuung: Jens Bey, Silwen Randebrock; Bildredaktion: Gabriele Forst
Szene/24h: wunder media, München
Kartografie Reiseatlas: © Berndtson & Berndtson GmbH, Fürstenfeldbruck
Innengestaltung: Zum goldenen Hirschen, Hamburg; Titel/S. 1–3: Factor Product, München
Sprachführer: in Zusammenarbeit mit Ernst Klett Sprachen GmbH, Stuttgart, Redaktion PONS Wörterbücher
Das Werk einschließlich aller seiner Teile ist urheberrechtlich geschützt. Jede urheberrechtsrelevante Verwertung ist ohne Zustimmung des Verlages unzulässig und strafbar. Das gilt insbesondere für Vervielfältigungen, Übersetzungen, Nachahmungen, Mikroverfilmungen und die Einspeicherung und Verarbeitung in elektronischen Systemen.
Printed in Germany. Gedruckt auf 100% chlorfrei gebleichtem Papier

> UNSER AUTOR
MARCO POLO Insider Manfred Wöbcke im Interview

Der Schriftsteller und Psychologe Manfred Wöbcke lebt am Rhein und ist seit zwei Jahrzehnten als Reiseleiter in Mexiko unterwegs.

Was reizt Sie an Yucatán?

Mexiko verströmt eine ungeheuer starke Vitalität. Sobald man im Land ist, fühlt man sich voller Energie, ist wach und lebendig. Mexiko ist voller Farben und Leidenschaften. Zudem faszinieren mich die präkolumbischen Bauwerke, die gepflegten Kolonialstädte und die gewaltigen Naturschönheiten – von allen dreien gibt es in Yucatán besonders viele.

Und was gefällt Ihnen nicht so?

Die US-Amerikanisierung hat im Lauf der Jahre doch stark zugenommen. Der American Way of Life und seine starke Ausrichtung auf alles Materielle gilt für junge Mexikaner als erstrebenswert. Dies geht zulasten des traditionellen Mexiko. Zudem sind die Hotel- und Restaurantpreise in den von US-Amerikanern bevorzugten (Bade-)Orten wie Cancún die höchsten im ganzen Land.

Sprechen Sie Spanisch? Wie, wo und warum haben Sie die Sprache gelernt?

Wer Interesse an Mexiko und Zentralamerika hat, kommt um Spanisch gar nicht herum. Die Mexikaner sprechen übrigens ein besseres und deutlicheres Spanisch als die Spanier. Außerdem sprechen sie kaum Englisch, und das auch nicht gern. Mit Englisch wird man schnell für einen Gringo gehalten, einen US-Amerikaner, und das ist überhaupt nicht gut. Ich habe Spanischkurse u. a. in Cuernavaca und San Cristóbal de las Casas besucht.

Sind Sie oft in Yucatán?

¡Claro! Zwischen Januar und April bin ich meist auf der Yucatán-Halbinsel unterwegs und gegen Ende des Jahres im übrigen Mexiko.

Haben Sie spezielle Hobbys?

Rock 'n' Roll und alte Autos; von Letzteren gibt es ja in ganz Mittelamerika manch museumsreifes Exemplar.

Mögen Sie die yucatekische Küche?

Wir kochen häufig mexikanisch – oder besser: Wir versuchen es. Inzwischen sind wir in der Küche immerhin besser als „unser" Mexikaner in Wiesbaden-Biebrich.

Könnten Sie sich vorstellen, in Yucatán zu leben?

Auf Dauer wäre es mir in Yucatán zu warm und schwül. Darüber hinaus bin ich auch sehr gern in vielen anderen Regionen unterwegs – Europa ist für mich daher ein idealer Standort. Aber ich bin ja jedes Jahr für längere Zeit in Yucatán unterwegs.

10 € GUTSCHEIN
für Ihr persönliches Fotobuch*!

Gilt aus rechtlichen Gründen nur bei Kauf des Reiseführers in Deutschland und der Schweiz

SO GEHT'S: Einfach auf www.marcopolo.de/fotoservice/gutschein gehen, Wunsch-Fotobuch mit den eigenen Bildern gestalten, Bestellung abschicken und dabei Ihren Gutschein mit persönlichem Code einlösen.

Ihr persönlicher Gutschein-Code: `mp9xyhgre6`

Zum Beispiel das MARCO POLO FUN A5 Fotobuch für 7,49 €.

* Dies ist ein spezielles Angebot der fotokasten GmbH. Der Gutschein ist einmal pro Haushalt/Person einlösbar. Dieser Gutschein gilt nicht in Verbindung mit weiteren Gutscheinaktionen. Eine Barauszahlung ist nicht möglich. Gültig bis 31.12.2013. Der Gutschein kann auf www.marcopolo.de/fotoservice/gutschein auf alle Fotobuch-Angebote und Versandkosten (Deutschland 4,95 €, Schweiz 9,95 €) der fotokasten GmbH angerechnet werden. powered by fotokasten

www.marcopolo.de/fotoservice/gutschein

> BLOSS NICHT!

Auch in Yucatán gibt es Dinge, die Sie besser meiden

Sich Aufregen

Bleiben Sie stets ruhig und gelassen; selbst bei kleineren Betrügereien – etwa, wenn die Rechnung falsch addiert wurde – bewahrt man Haltung. Wenige Worte in Spanisch helfen übrigens wesentlich eher weiter als ein englischer Wortschwall.

Badeverbot missachten

Unbedingt respektieren sollten Sie Tafeln, die auf gefährliche Strömungen hinweisen. In Cancún zeigen Flaggen an, ob die Karibik zu unruhig zum Schwimmen ist: Bei Rot darf man unter keinen Umständen ins Wasser gehen.

Pyramiden in der Mittagshitze

Urlauber tun gut daran, ihre Aktivitäten zur heißesten Tageszeit zurückzuschrauben. Wenn Sie sich auf einem Ausflug befinden: viel Trinken und einen Sonnenhut tragen! Es ist besser, auf Pyramiden am Morgen oder späten Nachmittag zu klettern. Die Bauwerke sind ungewöhnlich steil, und beim Hinabsteigen wird einem schnell schwindelig.

Kindern Geld geben

Immer wieder trifft man auf Kinder, die Kaugummis und Zeitungen verkaufen, Freundschaftsbändchen flechten und Schuhe putzen wollen. Lehnen Sie die Angebote freundlich, aber unmissverständlich ab: Haben die Kinder nämlich Erfolg und verkaufen etwas, gehen sie schon bald nicht mehr zur Schule, sondern treiben sich den ganzen Tag in den Touristenzentren herum.

Nachts allein am Strand

Die Sterne funkeln, die Wellen plätschern verführerisch – doch halt: Ein im Mondschein liegender Strand ist zwar romantisch, aber nicht ungefährlich. Denn am menschenleeren, dunklen Strand steigt die Gefahr, überfallen zu werden. Sind hingegen mehrere Personen beisammen oder sorgt das Hotel für eine nächtliche Überwachung des Strandes, spricht natürlich nichts gegen eine improvisierte Beachparty.

Ohne Preisabsprache

Ob im Restaurant oder bei einer Taxifahrt, beim Flechten von Rastazöpfchen oder einem Drink in Playa del Carmen: Um unangenehme Überraschungen zu vermeiden, ist es besser, vorher nach dem Preis zu fragen. Denn selbst wenn man ungefähr weiß, wie viel ein Drink oder eine Taxifahrt kosten darf, wird man als Tourist gelegentlich mit weit überhöhten Preisen konfrontiert.

September/Oktober an der Karibikküste

Wer es einmal mitgemacht hat, fährt beim zweiten Mal lieber vor oder nach der Hurrikansaison nach Yucatán. Denn im Herbst besteht immer ein Risiko, und eine Evakuierung aus dem Hotel und die vorzeitige Heimreise mit Tausenden anderen Gästen ist lästig und beschwerlich.